高效记忆法

王彩虹◎编著

Efficient
Memory Method

金盾出版社

内容提要

良好的记忆是获取成功的基石之一，也是许多人登上事业顶峰不可或缺的重要因素。记忆力的好坏，往往是学业、事业成功与否的关键。记忆力是每个正常人都具有的自然属性与潜在能力，普通人与天才之间并没有不可逾越的鸿沟。记忆力与其他能力一样，是可以通过训练激发出来并在实践中不断提高发展的。

本书是迅速改善和提高记忆力的实用指南，囊括了古今中外应用广泛、记忆高效的方法秘诀，详细地介绍了多种有利于提高记忆效率的"绝招秘技"。它不仅告诉你如何记忆名字、数字、日期、公式、文章、演讲词等，还告诉你如何学习新语言，能快速开发你的记忆潜能，让你的学习更轻松，成功更容易。

图书在版编目（CIP）数据

高效记忆法 / 王彩虹编著 . -- 北京 : 金盾出版社 , 2019.5

ISBN 978-7-5186-1441-7

Ⅰ . ①高… Ⅱ . ①王… Ⅲ . ①记忆术 Ⅳ . ① B842.3

中国版本图书馆 CIP 数据核字 (2019) 第 086218 号

金盾出版社出版、总发行

北京太平路 5 号（地铁万寿路站往南）

邮政编码：100036　电话：66886184

传真：68276683　网址：www.jdcbs.cn

印刷装订：三河市宏顺兴印刷有限公司

各地新华书店经销

开本：880 × 1230　1/32　印张：7　字数：193 千字

2019 年 6 月第 1 版第 1 次印刷

印数：1~50000 册　定价：39.80 元

前言

Preface

良好的记忆是获取成功的基石之一，也是许多人登上事业顶峰不可或缺的重要因素。记忆力的好坏，往往是学业、事业成功与否的关键。在历史上，许多杰出人物都有着超凡的记忆力。古罗马的恺撒大帝能记住每一个士兵的面孔和姓名，亚里士多德能把看过的书几乎一字不差地背诵出来，马克思能整段整段地背诵歌德、但丁、莎士比亚等大师的作品……

如今，我们生活在一个信息爆炸的时代，每时每刻都有大量新技术知识和信息问世，而其中的一些知识和信息是我们不得不了解，甚至是需要记住的。然而，我们每个人都会遭遇遗忘的问题：写作时提笔忘字；演讲时张口忘词；面对无数英语单词、计算公式总也记不住；走出家门后突然想起煤气没关；到银行取钱却发现密码记不起来；把合作谈判的重要会议忘在脑后……

为什么学习那么用功却总也记不住？为什么电话号码、重要纪念日记了又忘？为什么看到一张十分熟悉的面孔却就是想不起名字？为什么连重要的谈判会议都能忘词？你是否对自己的记忆力抱怨不已？你的记忆潜能还有多少没有被挖掘出来？你是否想拥有超级记忆力，成为读书高手、考试强将、职场达人？ 研究表明，人脑潜在的记忆能力是惊人的和超乎想象的，只要掌握了科学的记忆规律和方法，每个人的记忆力都可以提高。

本书是迅速改善和提高记忆力的实用指南，囊括了古今中外应用广泛、记忆高效的方法秘诀，详细地介绍了多种有利于提高记忆效率的“绝招秘技”。它不仅告诉你如何记忆名字、数字、日期、公式、文章、演讲词等，还告诉你如何学习新语言，能快速开发你的记忆潜能，让你的学习更轻松，成功更容易。

记忆力是每个正常人都具有的自然属性与潜在能力，普通人与天才之间并没有不可逾越的鸿沟。记忆力与其他能力一样，是可以通过训练激发出来并在实践中不断提高发展的。本书既是一把进入超级记忆王国的智能钥匙，又是个人必备的可以挖掘大脑潜能的指南。过目不忘的记忆秘诀能帮你造就某一方面的出色记忆力，记住容易忽视的细节，克服心不在焉的毛病；更能让你的记忆力在各方面都达到杰出水平，轻松记住想记住的事物，让记忆更快、更持久。每个人的大脑都是一部高性能电脑，都具有照相般的记忆潜能，充分发掘这些潜能，就可以记住你想记住的一切。通过阅读此书，你会发现自己在短时间内就能轻松记住单词、诗词，甚至元素周期表，并能应用自如。

随着记忆力的提高，你会发现自己的知识结构更加完善，处理问题更加得心应手；你会发现自己的自信心大大提高，在说话时更有底气，办事时更有效率；你会发现自己的学习力、判断力、分析力、决策力等都得到了增强。记忆力得到提高，我们的学习能力、工作能力、生活能力也将随之提高，甚至我们的个人命运也可以改变。

目录

Contents

第一章

你的记忆力比想象的好，人人都可以过目不忘

记忆＝记住＋回忆

记忆是人类对自己思维中的信息内容进行储备和使用的过程。它是一种心理现象，是人类心智活动的一种。举个例子来说，学生们在考试的时候，为什么很多的题目能够回答出来，而一些题目却不能够回答出来？这是因为有些题目所需要的知识是学生们在学习中所接触过的，在大脑中还保留着一些印象，所以在考试的时候，这些题目自然能够回答出来；而另外的一些题目则恰恰相反，学生没有任何印象，自然就回答不出来。学生对于之前所学到的知识有印象，这就是记忆。再比如，人们之前见过的很多人，虽然现在都不在眼前，但是却能够想到他们的容貌，再次见面的时候也能够很轻松认出来，这也是记忆。

因此我们可以总结出来，人们接触过的某些东西：遇见过的人、学习过的知识、练习过的动作、经历过的事情等，都会在人们的大脑当中留下一些印象，其中的一部分内容和信息还会长期停留在人的大脑中，当人们在一定的条件下，重新接触到这些内容和信息时，会进一步加深印象，这就是记忆。所以，记忆其实就是人的大脑对于过去经验的保留和恢复的过程。

汉语博大精深，关于记忆的概念，“记忆”这个词语本身就已经明确表达出来了：简单来说就是先要记住某些事情，然后还能够回忆出来这些事情，再把这两个过程结合在一起就是记忆。在《辞海》中对于记忆的定义是：大脑对经验过的事物的识记、保持、再现或再认。

在过去的数千年，特别是最近的几十年当中，记忆的研究领域在逐渐扩大，各种关于记忆的研究方法和理论层出不穷。但是由于记忆的特殊性，对于记忆理论的研究，主要存在于现代记忆心理学领域当中。不过除了对特定记忆现象的研究之外，还没有出现一个让所有人都认可的记忆理论，特别是各个不同的学科，对于记忆理论的看法是有很大不同的。

在现代记忆心理学当中，关于记忆理论的观点主要有下面几点。

第一，联结主义观点。

人类对于记忆的思考从数千年前就已经开始了，各种关于记忆的理论和观点也出现了很多，其中流传最久的应该是联结主义观点。联结主义观点的研究者认为，记忆的产生和很多因素有关系，这种观点的产生和格式塔心理学有很密切的关系。在格式塔心理学的影响之下，几乎所有的认知心理学家或信息加工论者都认为，学习和记忆中的环境、组织、意义等都是影响记忆的重要因素。

第二，生物学观点。

有研究者经过长期的研究之后认为，药物、激素、电刺激和神经系统中的大量神经活性物质都能够改变人体内与记忆的形成、储存和提取有关的一些生理结构，从而影响一个人的记忆。简单来说，生物学观点认为，记忆就是人体内某些以生物学为基础的加工。

第三，信息加工观点。

计算机技术的兴起和发展对世界产生了巨大的影响，关于记忆理论的信息加工观点也就此产生，信息加工观点认为新信息的记忆是有一定的加工过程的。在信息加工的观点中，人的体内就像一部计算机一样，核心部分就是中央加工器，记忆要受到中央加工器的控制，中央加工器负责管理注意力的分配，同时会帮助提取已经储存的信息，其实也就是一个对于输入到人脑内的信息进行编码、储存，并在一定的条件之下进行提取的过程。

实际上，每一种理论说法都有其自身的道理，都不能说是错误的。虽然具体观点上有所不同，但是有一点是不能否认的，那就是人

◇ 记忆的分类 ◇

根据所要识记的材料本身有无意义，或学习者是否了解其意义，识记可分为机械识记和意义识记。

意义识记与机械识记的性质有所不同，但二者不是对立和排斥的，而是相互依存、相互补充的。

类的生活离不开记忆，记忆就是人的大脑重要功能之一，是人们进行一切智力活动的一个重要环节。

没有记忆，就没有脑力活动

我们生活在这个世界上，不论是做什么事情，都离不开记忆。但是，却很少有人真正了解记忆的重要意义，甚至有些人刻意去贬低记忆的作用。有些人认为现在这个时代需要的人才要具有创造力，因为这个社会强调的是创新，创造性思维的培养和发展才是重点。这种看法是正确的，具有创新性的人才确实是现代社会最需要的。但是，赞同这种观点的人却忽略了很重要的一点，什么才是创新？所谓的创新，实际上是利用在过去所拥有过的知识和物质的基础上进行改变。如果没有以往知识的记忆和积累，就根本没有进行创新的基础。很难想象一个知识贫乏的人能够进行创新性的活动，因为他们根本不可能具备高效率的思维。从根本上来说，创新其实是一种丰富的思维产物，没有记忆中的各种信息和知识作为基础，思维是不可能运转起来的。

人们在日常交往、工作、买卖或者是其他的活动中，能否取得成功，在很大程度上都依赖自身的记忆力，甚至可以说，记忆是人们最重要的财富。很多著名的人都赞同这个观点，亚历山大·史密斯曾经说过："一个人真正的财富在于他的记忆，而记忆的丰富与贫乏，则是衡量一个人富裕与贫穷的真正标准"；理查德曾经说过："记忆是唯一的一个不会将我们驱逐出境的伊甸园，只要记忆永存，即使是死亡也不会让我们失去任何东西"；拉克坦提乌斯也曾说过的："记忆能带来兴旺，消除灾难，引导青年，愉悦长者。"盲目否定记忆作用的人，是不可能取得成功的。一个人，如果丧失了个人的记忆，那么就一定会丧失自我，甚至可以说是一无所有。

第一，记忆是一切心理活动的基础。

记忆在一个人的心理活动当中所起到的作用非常重要。如果一个人没有了记忆，那么，他就会是一个一无所有的人。记忆归根到底是一个对各种信息进行储存、积累和使用的过程。有了记忆，人们才能够保持对过去的反映，保持对知识经验的积累，才能够有效地对整个社会进行感知，对各种事物展开想象，并且能够积极地运用自己的思维，这样才会使每个人拥有属于自己个性的心理特征。

人类的一些简单的行为和感知，需要记忆的帮助。比如说记住一个人，这就需要通过自身的记忆才能够做到；同样人们进行各种复杂的思维和学习的时候，也需要记忆的帮助，就比如研究一个事物的发展，如果没有对事物发展的各个过程的记忆，就不能够彻底了解一个事物的全部发展过程。可以说，人们想要心理的大部分功能能够发挥和产生作用，都必须要有记忆作为基础。

另外，记忆也是使人的心理活动在时间上得以延续的根本保证，是经验积累和心理发展的前提条件。比如在学习知识的时候，都是从低级到高级进行学习的，而且高级的知识总是要以低级的知识作为基础才能够学会，只有对低级别的知识有了记忆之后，才能够学会高级别的知识。再比如说学习语文，肯定是先要学会写汉字之后才能够学写文章，如果连一个字都不认识，那又怎么去写文章，用什么去写呢？当然只有拥有了足够的汉字储存量之后写文章才能够顺利。其实我们只要回想一下自己从小到大学习语文的经验，就会发现实际上就是这样的过程。这其实就是一种知识的积累和增长的过程，从本质上来说，知识的增长过程，就是记忆系统中储存的信息量增加的过程。没有记忆，就没有办法进行知识和经验的积累，也就不能形成概念，不能对各种事情、事物进行判断和推理，也就不能适应社会不断变化的环境。

第二，记忆是人们学习知识的前提。

记忆在学习中具有重要的作用，它是人们获得和巩固知识最为基础的条件。我们都知道，知识是人类的各种实践经验的产物，是人们进行各种社会活动所必需的条件。任何知识的发展，都是一个长期的、从低级到高级的过程，而在这个过程中，人们的记忆发挥着重要的作用。所有的知识都是人们在探索和实践当中得来的，在这个过程当中，人们需要不停地学习新的知识，然后在这些新的知识的基础上，去进行更高级的知识探索，如果人们没有记忆，今天学习到的知识明天就忘记了，又怎么能够去发现更高级的知识呢？就比如说，如果牛顿的脑袋里面没有一点知识，他就根本不可能发现万有引力定律。所以说，知识的积累是很重要的。

想要积累知识，就必须先学习知识，而在学习知识的过程中，记忆的作用又是最大的。所有知识的积累，都必须要在学习知识的过程中形成记忆才可以。以学生考试为例，考试本身就是对人们之前所学习的知识的一种检验，按照正常的道理来说，既然都是学过的知识，那么每个学生都应该考满分。但是在考试的过程当中，总是有人分数高、有人分数低，总是会有人答不上或者是答错一些问题，这就是因为有些人在学习知识的过程中，没有形成记忆。而这些人如果想弄明白这些东西，就需要把先前已经学习过的知识重新学习一遍，重新再记忆一遍。因此可以看出，如果没有记忆，任何学习活动都是不可能正常进行的。

正是因为记忆在学习中具有重要的作用，所以古今中外的很多著名学者都非常重视记忆。最权威的记忆研究专家之一凯文·都迪认为："除非大脑拥有珍藏和回顾经历的能力，否则没有任何办法能够去获得知识。"只有有了记忆，人们才能够把对客观事物进行感知所得到的印象，以及对问题思考的结果保存下来，从而不断地得到知识和经验；只有有了记忆，人们才能够把自身所得到的知识和经验扩大，并且把知识联系起来，从而使人们对事物的认识不断深入，并且成为认识世界、改造世界的力量；只有有了记忆，人们对于知识文化的积累才能够成为可能。

第三，记忆在人类品德和性格的养成中扮演着十分重要的角色。

任何人的品德和性格都并不是天生就具有的，而是后天养成的。比如说一个患有抑郁症的人，谁敢说这个人天生就抑郁，肯定是因为在成长的过程当中受到了某种强烈的刺激，而这种刺激又给他留下了深刻的印象，所以才导致他患上抑郁症。在人们的品德和个性形成的

◇ 记忆能够影响一个人的情绪 ◇

人们的情绪总是在不断改变，很多的时候人们都需要通过控制自己的情绪，使自己适应某些场合或者某些事情。想要控制和改变自己的情绪，就需要调动自己的记忆。

1. 一个人因为想起某些事情而感到难过，这时他的情绪是难过的。

2. 想要改变这一情绪，可以想一想自己记忆中那些开心的事情，这样就有可能使自己变得开心、快乐起来。

因此，在我们想要改变自己情绪的时候，尤其是在自己情绪低落时，可以通过回忆以前开心的记忆这一方法，让情绪得到改善。

过程中，对于不同事物印象的深刻程度，起到了决定性的作用。而印象深刻的程度，就是记忆。因此，如果能够对某些事情进行选择性记忆，对人类的品德和个性的形成必然会有很大帮助。对我们有利的，我们就去记忆；对我们产生不好的影响的，我们就不去记忆。这样我们的脑海中全部都是关于美好的事物和事情的记忆，自身的品德和个性，自然也会朝着好的方向去发展。

第四，记忆在人类智慧的发展和人类社会的进步当中都起着重要作用。

人类一切智慧的根源都在于记忆。智慧就是人类大脑中所进行的思维活动，人们想要进行思维活动，首先就必须依靠自身的记忆，把自身经历的事情所得到的经验全部保存在自己的脑海当中，然后在这些经验的基础之上，进行必要的思维活动，之后这些思维活动所得到的经验，需要再次记忆在自己的脑海当中，最后才能够进行进一步的思维活动。只有这样不间断地用记忆积累自己进行社会活动所得到的经验，人们头脑中的思维才能逐渐深化、复杂化和抽象化，人们的智力水平和智慧水平才能够不断增长，才能够有更强大的能力，去促进整个社会的发展和进步。如果没有记忆，人类对于所有的东西都会呈现一种陌生的状态，那样的结果就是任何的思维活动都没有办法进行，也就没办法促进社会的进步和发展。

总之，记忆对于人类的社会生活起着十分重要的作用，没有了记忆，人类的一切生活可能没有办法继续下去。

遗忘是正常现象

相信很多学生都经历过这样的事情，在考试的时候遇到一些题目，发现以前做过类似的题目，并且印象很深刻，但是当又一次遇到之后，却怎么也想不起来到底应该怎么做了；很多人可能也有这样的经历，一个以前认识的人，在很久不见之后再一次见面，自己明明知道认识这个人，却怎么也想不起来这个人叫什么名字；还有这样的事情，我们在某一天做了一件什么事情，但是在一段时间之后，却怎么都想不起来自己在那天究竟做了什么事情。这样的事情可能每时每刻都在发生，我们把它叫作遗忘。

遗忘实际上就是记忆力减退，随着年龄的增长，记忆的能力也会发生显著改变，记忆力减退是很正常的事情。有调查研究表明，67%的成年人都担心自己记忆力的减退。导致记忆力减退的原因，有以下几个方面。

第一，时间的流逝会导致记忆力的减退。

有句话说时间能够改变一切，随着时间的流逝，人的大脑内部也在发生着一些改变，最明显的变化就是旧细胞的衰亡和新细胞的诞生。由于人们记忆的信息主要存在于大脑当中，确切地说是存在于大脑的各个细胞当中，那么因为大脑内细胞的衰亡，导致记忆力发生减退就是很正常的情况。随着年龄的增长，我们遗忘的东西会越来越多。

另外，输入到人脑当中的信息必须不断进行复习和使用，这样人们才能记忆深刻。可是随着时间的流逝，输入到人脑当中的信息越来越多，人们需要记忆的信息也越来越多，很多信息会因为人们精力有限而没时间去重复，这就会导致一些早先储存在人脑当中的信息，因为缺乏使用和练习而被人们遗忘。孔子也说过“温故而知新”，就是因为只有经常温习已经学过的东西才能强化记忆。如果不进行温习，那学过的东西必然会随着时间的流逝而逐渐遗忘。当然，也正是因为输入到人脑当中的信息越来越多，人们想要提取早期存储的某些信息就越来越困难，人们没有更多的注意力和精力投入到这个方面，这种情况下自然就会遗忘。

还有就是随着时间的流逝，人们记忆的东西越来越多，因为一些原因可能会导致新的记忆干扰到旧的记忆，这也会导致遗忘。比如说我们认识一个人，同时对这个人有一定的印象，但是后来又认识了一个和这个人同名同姓的人，并且后面这个人还做了一件令我们印象深刻的事情。由于这件事情可能实在让人无法遗忘，所以当以后提到这个名字的时候我们就会想到这件事情，虽然我们自己也知道是认识两个同名同姓的人，但是还是可能因为这件事情的干扰，使得一提起这个名字，我们可能就只能想起后面这个人，这也是一种遗忘。

再有，随着时间的流逝，人们记忆的动机也在不断发生变化。人们所处的环境、地位等发生变化之后，很可能会导致之前记忆的某些信息失去了作用，这样人们会失去记忆这些信息的动机。失去了记忆的动机，人们对信息的关注度就会下降，复习和使用的频率也会大大减少，这样逐渐就会产生遗忘。

第二，一些心理因素会导致遗忘。

心理上的某些因素对记忆力的伤害无疑是更大的，比如说有很大的压力、焦躁的情绪、悲伤、感情受伤等情况，都会对记忆力产生很严重的影响。这样的事情在我们身边就经常发生，例如很多学习很好的学生，经常会在考试的时候发挥得很不理想，平时很熟练的问题在考试的时候都答不出来了，原因就是考试的时候紧张了，很多东西都忘记了；再比如有些人去面试，本来在之前准备得很充分，可是在面试的时候还是语无伦次，其原因也是因为紧张，导致把自己准备的东西全都忘记了。实际上紧张就是心理的焦虑、焦躁引起的，因为紧张而导致的遗忘都是因为受到了心理因素的影响。

还有就是重大的创伤所造成的心理阴影，也会导致人们的遗忘。一些重大的创伤，比如严重的车祸、地震、洪水、海啸等，可能会对人们的生理和心理都造成重大的伤害，这样就会让人从潜意识里拒绝去回忆这些相关的内容，也会导致人们遗忘这些内容。

第三，一些其他的因素。

导致人们遗忘的因素还有很多，包括头部受伤、营养不良、神经系统问题、乱用药物、吸毒、酗酒、更年期和重大疾病等。当然，这些原因很多时候都是可以避免的。只要避开了这些因素，人们记忆力遗忘的现象一定会得到很大的缓解。

遗忘通常会表现为两种方式：一种是正常遗忘；一种是舌尖现象。

正常遗忘是一种积极的遗忘，也叫选择性记忆，指的是消除人们在生活中接收信息的一部分，只保留一些重要信息的方法。这样做的

◇ 心理因素对记忆的影响不足为惧 ◇

当人们在生活中发生极端的情绪变化时，大多数人都会把精力集中在自己内心的痛苦和斗争上面，从而忽略了对外部世界的注意。这样在记忆上面投入的精力减少到一定程度，自然就会导致记忆力的减退。

1. 因为心理因素而导致的遗忘有时候只是暂时的，因为当人们的注意力重新集中之后，很多东西都能够想起来。

2. 现代医学对于治疗这些心理问题的手段越来越多，相信在不久之后，心理因素对人们记忆力的影响会越来越小。

因此，对于心理因素对记忆造成的影响，人们大可放心，不会产生严重的后果，只要我们能够积极进行心理治疗，就可以避免这一因素给我们带来的不利影响。

主要目的就是防止人们的记忆达到饱和，减轻大脑的疲劳。比如人们在上班的途中会看到很多的车辆和高楼，可能人们会顺便就记住了这些车的车牌号或者是高楼的层数，但是记住的这些东西对人们来说是没有实际的用处的，在这种情况下，人们就应该把这些没用的记忆全部遗忘掉。

在整个记忆的过程当中，正常遗忘是一种正确的行为，因为在现实的生活当中，很多信息实际上是不需要我们去记忆的。如果不进行正常的遗忘，我们的大脑可能就会因为没有用的信息太多而发昏发胀，影响重要信息的记忆。因此，在很多时候，我们都要进行正常遗忘，为重要的信息腾出记忆空间。

舌尖现象指的是很多事情我们明明知道，但是却怎么也回忆不起来的现象。这种现象主要的表现形式就是大脑堵塞或记忆的暂时缺失。和正常遗忘相比，舌尖现象并不是好的遗忘现象，它可能会导致人们遗忘掉一些很重要的东西，使人们的学习、工作和生活等都受到严重的影响。比如一些明明我们知道如何回答的问题，但是考试的时候就是因为紧张而回答不出来，这就是一种舌尖现象。

想要解决舌尖现象，一方面是要学会转移自己的注意力。舌尖现象的产生，往往是由于人们把精力过多地集中在了压力上面，忽略了其他的一些东西，所以才产生了遗忘。因此，在这种时候，就要尽量转移自己的注意力，减轻压力对于自己的影响，这样就有可能在一段时间之后恢复暂时丢失的记忆。另一方面就是要学会为自己的记忆做一些标记，使得自己在任何时候都能提取出最需要的记忆。这样当舌尖现象发生的时候，就能够迅速理清思路，找出自己需要的记忆。

遗忘是有规律的

在记忆的过程中，遗忘是必然的。虽然遗忘在每个人身上的表现各不相同，但是它依然是有一定的规律可循的。学者们经过长期的实验和研究后得出结论，认为遗忘的过程中主要有两个规律：一个是艾宾浩斯曲线；一个是系列位置效应。

艾宾浩斯曲线是德国著名的心理学家艾宾浩斯通过实验的方法研究出的记忆遗忘规律。很多人都认为，遗忘的过程是缓慢的，也是不间断的，在时间流逝的同时，记忆也会像是一个泄露的容器一样，慢慢地把所有的内容漏空。但是，这种想法是错误的，它是人们对遗忘规律的一种误解。

当然，有一点不可否认，遗忘规律确实和时间的流逝有一定的关系，但绝对不是随着时间的流逝而缓慢、不间断地遗忘，而是一个由快变慢的过程。在这个过程中，遗忘的记忆信息并不均衡。

艾宾浩斯经过实验后得出结论，遗忘的过程是遵循着一个对数曲线的变化规律，最初遗忘得很快，然后随着时间的推移，遗忘逐渐减缓。遗忘的过程从信息输入到脑海中的时候就已经开始了。大部分新输入到人们脑海中的信息，可能在一个小时之后就会被忘记。但是从这之后遗忘的速度逐渐开始减慢，可能一个月之后这些新信息的 20% 还留在我们的脑海中。随后这些剩余信息遗忘的过程将更加缓慢，可能在很长的一段时间之后，这些信息还将留在我们的脑海中。

艾宾浩斯曲线总结的规律，只能算得上是正常情况下的记忆遗忘的规律。艾宾浩斯自己也认为，一个人使用的记忆方法、记忆者的重视程度、记忆材料的性质、记忆策略的选择、个人的心理因素等会影响到记忆的遗忘。当心理紧张和压力大的时候遗忘的速度必然会加快，而当信息受重视程度非常高的时候，遗忘的速度也一定会减慢。

艾宾浩斯在研究记忆规律的时候，还发现了艾宾浩斯曲线之外的另一种记忆规律，对于一连串的信息，开头的部分和末尾的部分往往比中间的部分更容易记忆，也就是说一连串信息的中间部分，是最容易被遗忘的。这种趋势叫作首位效应和末尾效应，也叫作系列位置效应。

系列位置效应主要是受到被记忆材料特征的影响，指的是在多个信息连续被记忆的情况下，各个信息因为在记忆时的顺序和位置不同而影响到回忆。一般来说，最后被记忆的信息往往能最先被回忆起来，因为受到近因效应的影响，这些信息被遗忘得最少；因为首因效

◇ 影响遗忘的因素 ◇

经过研究发现，影响遗忘的其他因素有：

无意义的材料比有意义的材料遗忘得快；材料多比材料少要遗忘得快。

在学习的熟练程度上，重复学习比刚刚学能成诵要遗忘得慢。

3. 学习的态度

凡是你感兴趣和需要的材料就学得快，记得牢，否则就不易记住。

了解了以上这些关于记忆和遗忘的关系问题，我们就可以有针对性地根据这些因素做出调整，避免遗忘。

应的影响，遗忘较少的是最先被记住的信息；处在记忆中间位置的信息是被遗忘得最多的。很多的研究表明，记忆的中间部分更容易被遗忘，它的遗忘次数相当于两端的三倍左右。

系列位置效应形成的原因，主要有两个方面。如果在信息被记忆之后马上进行回忆，那最先记忆的信息可能已经进入到了长时记忆系统，因此遗忘的比较少；最后记忆的信息可能还处在短时记忆的阶段，回忆起来相当的容易，因此遗忘的也很少；而中间记忆的信息则处在短时记忆向长时记忆过渡的过程中，可能会受到前面信息的阻挡和后面信息的冲击，以及记忆信息之间的相互影响，导致信息流逝，因此遗忘的很多。如果是在记忆信息之后过一段时间再进行回忆，则遗忘现象依然会符合系列位置效应，只是这个时候中间部分信息遗忘的多的原因则是因为受到了前后信息抑制的影响。其实这种情况和一些老师记忆学生名字的情况差不多，基本上每个老师在记一个班的学生的时候，最先记住的总是学习好的那一部分和学习最差的那一部分，对于中间的那一部分，总是很容易忘记。

系列位置效应给人们带来了一个好处，它相当于给人们指点了一个进行信息记忆的正确方法，那就是要把最重要的信息放在开头或者是结尾去记忆，而把那些相对来说不重要的信息放在中间去记忆，免得造成人们对重要信息的遗忘。

遗忘的规律也并不是不能够改变的，但是必须要用一定的方法和策略，同时也需要人们自己去努力。只有对记忆信息不断地复习和使用，才能够真正降低遗忘的速度和改变遗忘的规律。一般来说，对于记忆的复习需要坚持五步法则，主要是要求人们要严格把握记忆的时间，第一次是在记忆信息之后马上就进行复习，第二次是在 24 小时以后复习，随后在一个星期后、一个月以后和三个月以后，各进行三次复习，这样就应该能够保证记忆能长期留在人们的脑海中，改变遗忘的规律。

不同性质的遗忘症

遗忘症就是记忆的丧失，指的是人们对一定时间内的生活经历完全丧失或者是部分丧失。随着年龄的增长，许多人的记忆力自然地下降，出现记忆障碍等问题，这就是遗忘症。

一般来说，遗忘症患者都拥有正常的智力、语言能力和瞬时记忆的广度。遗忘症患者并没有失去记忆的能力，只是长期记忆受到了损害，这种损害主要表现在一些外显记忆上，即对事实、时间或者能够回忆并有意识表达的陈述性记忆上，对内隐记忆的影响是很小的。即使产生了遗忘症，患者也可以形成一些新的程序性记忆，比如一些习惯性的事情，像开车等。

遗忘症可能由很多原因引起，一种是大脑的损伤，一种是心理的损伤，还有一种是突发性的遗忘症。

大脑的损伤所引起的遗忘症主要包括顺行性遗忘和逆行性遗忘。

顺行性遗忘也叫近事遗忘症，意思是记忆信息的丧失发生在大脑受损伤之后，即大脑损伤之后无法记忆新的信息。

逆行性遗忘也叫远事遗忘症，意思是记忆信息的丧失发生在大脑受损伤之前，即大脑损伤之前所存储的信息很难找回来，这其中不包括一些先前的个人经历以及一些基本的文化知识。

引起大脑损伤的原因有很多，包括由某些疾病引起的，或者是因为某些意外造成了记忆的重要区域的损伤。

一、疱疹性脑炎。疱疹病毒会引起大脑内部某些区域的严重坏死，从而会导致近事遗忘症、某些已获得知识的遗忘和某些行为障碍。这种原因引起的遗忘症通常是永久性的，非常严重。

二、脑血管意外，包括脑出血、脑梗死等。脑血管意外会造成大脑内部某些区域的损毁。这些区域不一定和记忆有关，但是一旦是和记忆有关的部位发生损毁，就会造成遗忘症的产生。

三、柯萨科夫综合征。这是由俄罗斯医生柯萨科夫提出的一种罕见病症，这种病症产生的原因是人体内缺乏某些重要的维生素，从而

◇ 突发性遗忘症 ◇

突发性遗忘症可能会迅速引起严重的失忆，同时也会引起近事遗忘症。

1. 人们可能会突然之间忘记几秒钟之前记住的信息，并且很难想起来，即使是给患者提供几个选项去选择，也依然无法想起来。

2. 突发性遗忘症的患者完全意识不到自己的病症，他们对于其他的事情的记忆则完全正常。就算是进行临床性的检查，患者也是完全正常的，也就是说突发性遗忘症没有办法治疗。

所幸突发性遗忘症只是暂时的，患者可能在经过一段时间之后，症状就会完全消失，并且不再复发，也没有任何后遗症。

造成大脑中应用于记忆的某些结构损坏，从而产生严重的遗忘症。

四、双海马脑回遗忘综合征。这种病症主要是由海马脑回的损伤而造成的。海马脑回是进入记忆环路的入口，是记忆功能中十分重要的结构，它的损伤自然会导致严重的遗忘症。

五、帕金森病。帕金森病是最常见的精神疾病之一，它所造成的病变主要位于大脑中对程序记忆起到决定性作用的区域，因此会造成与注意力相关的短期记忆困难，使人们学习某种技艺的能力受到影响。

六、意识模糊遗忘综合征。这种情况是因为人体的某些整体功能退化而产生的，主要是新陈代谢紊乱和药物影响等造成人的注意力不集中，从而使人的意识越来越模糊，记忆力也逐渐受到影响。

七、颅骨创伤。颅骨创伤主要是因为头部遭到碰撞而引起的，主要包括交通事故、意外跌倒、工作或运动意外以及头部受到袭击等。轻微的颅骨创伤可能会导致暂时的记忆障碍，甚至不会出现任何问题。严重的颅骨创伤则会导致大脑中一些和记忆有关的部位，如颞叶和额下叶等受到严重的损伤，造成近事遗忘症或远事遗忘症。如果造成人的昏迷不醒，则有可能导致更严重的遗忘症。

并不是所有的遗忘症都是由大脑损伤造成的，一些心理学家认为，有些遗忘症是由心理因素或者情感因素引起的。心理损伤引起的遗忘症主要包括选择性遗忘、分离性遗忘和界限性遗忘。

选择性遗忘是指为了满足一些特殊的心理需要和感情需求，经过高度选择之后，遗忘某些记忆。比如为了否认某些事情发生的事实而完全忘记这些事情发生的经过。

分离性遗忘是指患者本身所具有的知识和能力与其曾发生过的遗忘之间有着很明显的矛盾和距离，一方面遗忘了一些从事各种复杂事情和活动的能力，另一方面又会经常遗忘很多重要的事情。

界限性遗忘是指患者对过去生活中某个阶段的明确事件和经历完全没有记忆。这种遗忘所忘掉的经历通常是一些造成人们强烈的愤怒、恐惧和羞辱的事情，人们因为心理的原因而不愿意提及这些事情，所以产生了遗忘症。颅骨的损伤同样可能导致界限性遗忘。

心理损伤主要是由于人们受到了一些重大的刺激之后而产生的。人们一旦受到重大的刺激，心理很可能会没办法接受，特别是受到了严重的羞辱或者感情伤害，这样就会导致人们不愿意去记忆这些事情，因而产生了遗忘症。由心理损伤所引起的遗忘症并不一定是真正的遗忘，只是人们在某些状态下做出的一种有利于自己的选择，如果能够经过正确的引导，由心理损伤所引起的遗忘是可以重新记忆起来的。

除了由大脑损伤和心理损伤引起的遗忘症之外，还有一种突发性的遗忘症。

突发性遗忘症大多发生在患者 50 岁以后，主要是因为争吵、被偷窃、不好的信息、某个人意外去世、突然改变环境、剧烈疼痛等引起的情绪波动，造成大脑中有关记忆的部分出现某些问题，导致记忆的暂时中断所引起的。

记忆可以被引导

记忆是可以被引导的，在很多时候，记忆也需要被引导。比如说我们背诵一篇文章，本来已经全部记下来了，但是在背诵的时候由于某些因素而在中间卡住、背诵不出来了，这个时候如果有人提示一下，我们就能够继续背诵下去，这就是一种对记忆的引导。

引导就是在检索事件之前，连续提供一些精心挑选的内容，帮助人们顺利提取记忆信息，这是一种能够影响记忆的暗示。学生们在考试的时候，经常会碰到填空题，就是给一句话，中间有几个地方是空着的，需要学生去填写正确的词语或句子，那些已经给出的词语和句子起到的就是一种引导作用，引导学生们填写上没有给出的词语和句子。再比如以前有一个综艺节目中，有一个环节就是给出一段歌词，然后让嘉宾接出下面的歌词，那些已经给出的歌词的作用也是引导嘉宾的记忆。

引导的作用是不可忽视的，通过对记忆的引导，人们可能会了解和解决一些很重要的事情。比如说我们丢失了一件很重要的物品，但

◇ 引导的两个方面 ◇

引导也包括两个方面，一种是正确的引导，一种是错误的引导，也就是误导。

1. 对记忆进行正确的引导主要是为了让人们能够想起一些重要的事情，起到的作用是积极的，它能让人们重新找回已经遗忘的记忆。

2. 误导是一些人为了达到某些目的而做出的一些错误的引导，一旦误导成功，很可能会出现严重的问题。误导并不能够消除人们的真正记忆，只是让人们对自己的某些记忆产生困惑和不信任。

当然，只要对自己的记忆有足够的自信，无论任何时候都以自己的记忆为准，那么误导其实是可以规避的。

是怎么也想不起来是在哪里丢的，这个时候就需要对记忆进行引导，要先想起自己都去了哪里，然后都做了什么，还有最后一次看到这件物品是在哪里等，通过这样一层一层的引导，回忆起物品丢失的地点，随后再去寻找。再比如警务人员查一些重大的案件如杀人案时，很多目击者可能是因为受到了惊吓或刺激而不愿意去回忆当时的场面，这就会给警务人员查案带来很大的困难，这个时候为了顺利地破案，警务人员就需要对目击者进行引导，引导他们说出自己所看到的真相，以此来方便自己顺利破案。

任何人的记忆都有可能被引导，这一点每个人应该都能感受得到。但是，经过研究证明，记忆最容易被引导的人群还是儿童。因为儿童的许多事情都要依靠成年人，有些时候为了取悦成年人和获得成年人的信任，儿童的记忆就会在压力之下变得脆弱不堪。一旦出现这种情况，儿童的记忆就很容易受到成年人的引导。

你的记性比你想象的好

很多人总是认为自己的记忆力是有限的，有些时候会因为一件事情充满在大脑中，就不去记忆其他事情，实际上这是一种错误的做法。一方面人的大脑能够毫不费力地接收大量信息，不存在一个信息把另一个信息从大脑当中挤出去的情况，如果真的出现某些信息被挤出去的情况，那就说明并没有形成记忆；另一方面是因为人们不能充分利用自己的想象力，想象力能够把所有输入到大脑当中的信息全部变成自己的记忆。曾经有一个非常令人震惊的研究结论中提到，我们一生能够记住 10 亿信息单位，实际上这些信息单位所占用的空间，还不到我们记忆容量的 10%，还有 90% 的容量没有被使用过。所以说，只要人们能够充分发挥自己的想象力，应该没有什么东西是不能记忆的，我们的记忆其实是无限的。

既然记忆是无限的，每个人的记忆都是非常好的，为什么又会经常出现一些遗忘了某些信息的事情呢？比如说，一个学生在考试的时候，特别是在考数学的时候，碰到一道问题总是感觉老师讲过了无数

◇ 影响记忆的原因 ◇

人们总是会因为各种各样的原因而对某些事物进行选择性的记忆。影响记忆的原因有很多：

1. 需要人们去记忆事物本身的性质。如果是一件让人开心的事情，那人们肯定非常愿意去记住它；如果是一件让人沮丧或者是悲伤的事情，那么人们就一定不愿意去记住它。

2. 人自身的兴趣爱好。人们对于感兴趣的东西记忆起来总是相对容易一点，比如喜欢语文，在背诵语文课文时就会比背诵其他科目快一些。

3. 自身情绪的问题。人在高兴的时候看什么都是快乐的，那么就有可能记住很多的事情；而在悲伤的时候就什么都不会去关注，这样肯定也记不住什么。

次，但是就是想不起来这道题究竟应该怎么解答，难道这不是记性不好的情况吗？再比如，我们去买东西的时候也会经常遇到一些这方面的问题，明明我们在家里的时候已经计划好了具体要买的所有东西，但是等到把东西买回来之后就会发现有些东西却忘记买了，或者是明明有人在之前叮嘱我们好几次都要买什么东西，但是真正买回来的时候还是发现忘记了买某些东西，这不也是记性不好的情况吗？

碰到上面所说的情况，基本上每个人都把责任推给自己的记忆力，认为这些都是记忆力不好的原因。比如考试回答不上来的问题，当老师在考试之后询问你为什么讲过无数次的问题还是回答不上来的时候，你一定会说自己记性不好，老师之前讲解的时候记住了，但是考试的时候却忘记了。可是实际情况却并不是这样的，事实上出现这种情况并不是人们记忆力不好的原因，比如电话号码，在现在这个人手一部手机的年代，每个人都需要去记录一些别人的电话号码，但是有些人的电话号码可能人家说一次之后，我们就能清楚地记住，比如说父母或者是兄弟姐妹的；而有些人的电话号码我们却不一定能够记得住，比如说一个比较普通的朋友的，这样的号码我们必须要存储在手机里才行。那么为什么同样都是电话号码，同样都是11个数字，有的我们能记住，而有的我们就记不住呢？这是因为有些号码我们是真的用心去记忆了，所以我们记住了，而另外一些我们则没有认真去记忆，所以也只能有一个大概的印象，必须要经过提醒才能想起来，这其实就是没记住。很多时候有的东西我们之所以记不住，并不是因为我们的记性不好，而是因为我们没有用心也没有认真地去记忆。

还有一种观点认为人的记忆力的好坏，和人们自身的年龄有一定的关系。关于这个观点，不能说完全正确，但也有一定的道理。比如人们的记忆力确实是在16岁到23岁之间处于记忆的巅峰时期，那是因为这一时期的年轻人是思想最活跃的时期，接受能力强，喜欢去接触各种各样不同的新鲜事物，自然能记住的东西就多，显然是不能指望一个刚出生还什么都不懂的孩子和成年人比记忆。但是，我们小的时候上学会忘记做作业，而长大了工作之后也有可能会忘记做一些工作，这显然和年龄是没有关系的。所以，我们既不能够完全否认年龄对于记忆力的影响，也不能承认年龄对于记忆力有决定性的影响。年龄可能会在客观上影响人的记忆力，但是两者之间并没有直接的关系。只要人们在有能力的情况下认真地去记忆，年龄对于记忆来说就不是问题了。

正是因各种各样的原因导致了人们总是会记不住一些东西，所以就给人们造成了一种错觉，那就是自己的记忆力不好。实际上只要平时对自己想记住的东西多用心，认真去记忆，那就没有不能够记住的。所以说，关于记性不好完全没有任何必要担忧，很多人的记性都远远比自己想象当中的要好得多。

人的记忆力的空间是无限的，但是大部分还都是处于一种没有开发的状态，或者是说人们只是有那个潜力，但是却并不是天生就有那么大的能力。这就要求人们在进行记忆的时候一定要努力、认真、用心，这样才能够把自身记忆的潜力开发出来，才能真正地记住越来越多的东西。

有自信心才能有好记忆

一个正确的态度，对人们提高记忆力有很大的帮助。确切地说，正确的态度就是要有足够的自信心，只要人们相信自己能记住，那就一定能记住。事实证明，凡是对自己的记忆充满信心的人，记忆力都非常好。

自信心是进行记忆活动时最重要的心理准备之一。很多人总是认为自己的记忆力不好，其实并不是记忆本身的原因，而是人们缺乏自信心。大多数时候，我们都满足于自己的心理预言，认为自己只能够达到自己认为的水平，事实上，只要有自信心，我们的记忆能力就是无限的。

人们自身的态度对记忆力有很大的影响。心理学研究表明，在有信心的情况下记忆，要比没有信心的情况下记忆会更好。对记忆有自信，认为自己一定能记住，能极大地调动大脑神经细胞的积极性，使大脑神经细胞充分活跃起来，从而在大脑皮层当中产生一个很强的兴奋中心，同时抑制其他无关记忆的部位，使整个大脑神经细胞都为记忆信息这一个活动进行运动，这样大脑就会对记忆信息留下最深刻的印象，从而提高人们的记忆。而缺乏自信，会对大脑内部的神经细胞产生一种抑制作用，影响大脑对信息的接受、加工、储存和提取，降低大脑的工作能力，从而使得人们的记忆力降低，并且需要用到的信息也不能及时从大脑中提取出来。当一个人缺乏自信心的时候，总是会觉得自己什么事情都做不好。

没有自信心会造成一种恶性循环，缺乏自信心会影响人们的记忆效果，而记忆效果不好又会使人们的自信心越来越差。这种恶性的循环，对记忆效果的影响将更大。当一个人总是缺乏自信心，暗示自己的记忆力不行时，人们的记忆效果就会越来越低，本来能够记住的东西，也会变得记不住。

事实上，人们根本就没有必要对自己的记忆力缺乏信心，研究表明，人们的大脑有 90% 的能力处在未开发的阶段，人们可以放心地去记忆，不用担心大脑中没有地方存放。所以，我们完全可以用无比强大的自信，放心大胆地去记忆任何信息。

缺乏自信心是一种心理问题，想要改变这种情况并不是一朝一夕的。自信心需要一定的方法来培养。

第一，要进行有效的心理调节，抛弃自己心里面认为自己记性不好、记不住的想法和观念，去掉这种和记忆活动事实不符合的自卑感。要坚信自己的记忆力和所有人都是一样的，别人能记住的东西，自己也能够记住。同时要经常暗示自己和说服自己，把自信心深深地印在自己的脑海中。

第二，要按照一定的方法和策略进行记忆活动，而不是盲目地记忆，多积累一些成功记忆的经验，自信心自然就能得到提高。综合运用各种记忆方法和策略，扬长避短，找到最适合自己的记忆方法进行记忆，使自己能够记忆的东西越来越多，用这种事实来增强自身的自信心。这样，在人们的记忆能力得到增强之后，人们的自信心也逐渐提升，随着自信心的提升人们记忆的东西也越来越多，形成一个良性的循环，逐渐就能改变人们的记忆能力，从而提升人们的记忆质量，使记忆得到最大限度的提高。

当然，还有一个办法能够增强人们的自信心，那就是服用“超人药片”。“超人药片”是一种神奇的药品，普通人吃了“超人药片”之后可以拥有超能力，从而能够创造各种各样的奇迹。

那么在这里为什么说服用“超级药片”，能够帮人们在现实生活中取得好成绩呢？这个“超级药片”究竟是哪来的呢？实际上，“超人药片”只是人们想象出来的东西，在现实生活中并不存在这样神奇的药物，这里的“超级药片”并不是指我们生病时吃的那种药物，也并不是特定指代某种东西，它可以是吃的、穿的、用的等各个方面的东西，也可以是一个号码、一个数字、一段话等，这些都可能是“超人药片”。对于不同的人来说，“超人药片”也可能是不同的，但是它起到的作用却是相同的，那就是给人们带来信心、勇气和运气，帮助人们去做一些平时不敢想或不敢做的事情。事实上，这里的“超级药片”可以理解为人们的幸运物品。

在现实生活中，我们经常会发现一些很特别的事情：比如说在一些比赛中需要运动员选择号码的时候，有些人会要求一些特定的号码，因为他们认为那是自己的幸运号码，穿这个号码会给自己带来好运，并且会让自己感觉更有力量；还有一些人会在特定的日子穿上特定的衣服，比如说有人每次考试的时候，都会穿上固定搭配的衣服，因为这是他的幸运装束，能让他考出更好的考试成绩。

然而，事实上，幸运物品并不能够给人们带来自身实力上的提升。那么为什么会有很多人觉得使用了自己的幸运物品之后，自己的能力得到了提升呢？这主要是受到了心理因素的影响。

每个人都有一定的能力，但是当真正有机会展现自己的能力的时候，很多人并不能全部展示出来，这种情况很多时候是因为心理紧张或者是缺乏自信。

当人们心理紧张的时候，可能会产生一种短暂的遗忘现象，主

◇ 幸运物品对自信心的作用 ◇

遇到比较重大的事情，人们往往比较紧张，当有幸运物品放在自己身边的时候会有不一样的结果：

1. 它会让人们在精神上得到安慰，让人感到安心和放心，这样就不会出现紧张的情况。

2. 当幸运物品在人们身边的时候，人们会觉得自己做什么事情都会获得成功，增加了自信心，就增加了进行各种活动成功的概率。

因此，幸运物品主要就是为了增强人们的自信心和消除紧张的心理。只要拥有强烈的自信心和不会产生紧张情绪的强大心脏，有没有这个幸运物品都不会产生问题。

要是因为这个时候大脑的精力全部集中在自己紧张的情绪上面，从而使大脑不能对储存在记忆系统中的信息进行正常提取，导致很多已经记忆的信息不能帮助自己，从而影响自己能力的发挥。比如说很多人在高考的时候取得的成绩，没有平时模拟考试的成绩好，大多数其实是由于人们在参加高考的时候过于紧张所造成的。

当然，如果必须要借助外力才能够消除紧张心理和获得自信心，那么就可以为自己找一些幸运物品，可以是一套衣服，可以是一句话，可以是座右铭，可以是祷告的经文，只要在人们做事情之前给人们带来动力，消除紧张心理并且增加自信，任何东西都可以成为“超级药片”。

提高记忆的途径——记忆术

人之所以异于万物，就在于人有思考的能力。人在思考的时候，常会将过去的经验、知识，以及储存在脑海里的各种印象提取出来，这种活动就是记忆。

记忆对于一个人来说，具有重要的作用。记忆力的好坏，往往是事业、学业能否成功的关键，它是人们进行一切心理活动的基础，基本上人们做什么事情都离不开记忆的帮助。现在却有很多人认为，一个人的记忆是天生的，生下来的时候记忆是什么样，长大后的记忆就是什么样，没有办法改变，因此才产生了人与人之间的差别，也是造成了一些人没有另外的一些人有能力的原因。但是从很多的科学研究成果以及一些不争的事实上来看，这种看法实际上是一种错误的观点，人的记忆力其实并不是天生的。

关于这一点，前人早就提出来过。最权威的记忆研究专家凯文·都迪就曾经说过：“人类的记忆力是可以无限被提高的，这一点毋庸置疑；但是究竟要怎么样去提高，如何实现，现在仍然是个谜。”从这里就可以看出来，其实人类一直都没有停止关于提高记忆力的方法的探索。古希腊的思想家亚里士多德也曾说过：“记忆为智慧之母。”

训练提高记忆力的方法主要有两种：一种是自然方法；一种是人工方法。所谓的自然方法，实际上就是一种在遵循心理学的原理下，去提高记忆力的方法；而人工方法就是一种和心理学的法则相违背的方法。大家都知道，人无论是做什么事情，都要遵循一定的规律和法则，提高记忆力也是一样，也需要遵循一定的法则。从这两种方法上来看，很明显是自然方法优于人工方法，因为它是遵循了心理学的规律的，事实上记忆本身就是一种服从于心理学上的原理。

对于这一点，有很多人都证实了。美国学者、作家和哲学家诺亚·波特就说过："自然记忆相对于人工记忆来说更依赖于和感官及思维之间的关系。人们对于许多事物的印象会随着时间和空间的转换而消退，眼睛和耳朵能够通过食物这个较为明显的关联无意间记住它们。有意识记忆的基础是无意识记忆。人工记忆是对自然记忆的补充，在这个过程中，所有被记忆的对象都会自动排列，组成一个全新的关系体系，帮助我们进行记忆，不让我们产生任何其他的兴趣。这显然会减少他们本应有的兴趣和关注。"格兰维尔也曾经说过："大多数提高记忆力的方法都是有缺陷的，当利用它们来对某些特定事物留下印象的时候，它们并没有变成记忆。"这里说的意思其实是用人工方法提高的记忆，根本就不能够算作真正的记忆。福勒也说过："记忆的艺术也许会破坏自然的记忆，这就像眼镜会破坏事物的美感一样。"这里说的记忆的艺术其实指的也是人工提高记忆力的方法。虽然说这些人的说法不尽相同，所持的观点也并不是完全一致的，但是有一点却是一样的，那就是他们都支持用自然方法提高记忆力，并排斥人工的方法。所以综合来看，想要提高记忆力，就必须遵循心理学的规律，通过自然方法来进行。

提高记忆力的自然方法是以法国哲学家和文学家赫尔维修斯提出的一种观点作为基础的，他认为记忆力的增强首先要依赖于人们平时对它的使用，其次要依赖于人们对被记忆对象的关注程度，还有人们的各种想法在大脑中的排列次序。

第一点是多用、多练、多重复。其实不论是做什么事情，多用、多练、多重复都是有好处的，正所谓熟能生巧。就像是我们平常坐在电脑面前打字一样，经常打字的人一定会比偶尔打字的人的打字速度要快得多，这其实就是一个熟能生巧的过程。最近看到一部电视剧，里面有一个镜头说的是特种兵练习持狙击枪的姿势，那个教官的一句话让人记忆深刻，他说这个姿势想要达到完美的程度必须要经过成千上万次的练习，因为这样就会在人体的肌肉上形成一种肌肉记忆，之后下次再拿起狙击枪的时候后就会不自觉地摆成这样的一个姿势，这其实就是多用、多练、多重复的结果。记忆力也是一样的，前面我们就说过，它长久荒废就会消退，合理利用和练习就能够强化。

想要让自己的记忆力得到提高，就必须要按照科学的方法不断进行练习，提高记忆力是没有捷径的。哈勒克曾经说过："记忆力需要合理的方法和持久的练习才能得到提升，对大脑的培养是没有捷径可以走的。遵照心理学的原则进行，那所走的已经是最短的道路了。记忆力的进步是需要循序渐进的。"所以，一定要在平常多练习和使用自己的记忆力，这样才能够让记忆力得到提高。

第二点是对注意力和兴趣的培养。哈勒克说："朦胧的感知大多是来自于模糊的记忆，如果感知是确切的，那么就一定是清晰的记忆。"在心理学上，着重强调对注意力和专注能力的培养，因为这是培养良好记忆力的先决条件，只有在注意力上面没有缺陷，那么在记忆力上才没有缺陷。举个例子来说，在你面前放两样东西，一件是你喜欢的，一件是你不喜欢的，对于你喜欢的东西你肯定很感兴趣，也肯定会着重观察这个东西，那么到最后你肯定是记住了喜欢的东西，而记不住不喜欢的东西。有人把这个原因归结为自己的记忆已经装不下东西了。那么如果在你的面前再放一个你很喜欢的东西呢？我想最后的结果是你还能够记住，这就说明记忆中装不下东西这个观点是不成立的，归根到底还是自己感不感兴趣。因此，想要提高自己的记忆力，就一定要培养良好的注意力。

第三点就是注重关联关系。哈勒克认为："当事物之间存在着某些关联关系的时候，它们就会更容易被记住。"这一点在现实生活中我们就经常能够用到，比如说很多人在最初学习英语的时候，因为怕记不住英文单词的读音，所以经常会用和英文单词读音相同的汉字来标注一下，方便自己的记忆，其实这就是通过汉字的读音和英文单词读音之间的联系，来加强自己的记忆。这就证明了通过事物之间的联系来进行记忆，是可以增强一个人的记忆力的。

◇ 记忆力并非天生的 ◇

1. 记忆力的强弱并非天生的。记忆力和其他的一些大脑官能和生理功能一样，会因为长久的荒废而消退。

2. 记忆力能够因为得到一些适当合理的练习和使用而得到强化，这需要我们在日常生活中多进行练习，达到熟能生巧的程度。

3. 对记忆力的练习和使用需要一定的方法，盲目地、不按照特定原则和规律去进行，不会提高记忆力。

实际上，对于上面提到的这些提高人类记忆力的方法，我们可以用一个词语来概括，那就是记忆术。当然，一切的理论只有付诸实践才是有意义的，所以想要提高自己的记忆力就一定要把记忆术全部都应用到实践当中，这样就一定能够提高自己的记忆力。

记忆策略的主要原则

每个人都要选择最适合自己的记忆策略，由于受各种因素的影响，这个选择的范围是狭窄的。输入到人脑当中的信息是不计其数的，种类也是多种多样的，这意味着人们必须要用有限的方法对多种多样的信息进行选择和筛选，对信息进行最佳的处理。因此，人们在处理和记忆信息的时候就要坚持几点主要的原则。

第一，要把输入到人脑中的信息有效地组织起来。

各种信息在输入到人脑当中的时候，是没有顺序和规律的，而是各种不同的信息掺杂在一起，同时输入到人脑当中，这就给人们的记忆增添了麻烦。因此，想要把这些信息全都清楚地记住，就必须要把信息重新有效地组织起来，最重要的就是建立一定的联系，这样才能方便人们记忆。

首先，要做好事先的计划。无论做什么事情都需要有一个清晰的计划，比如打一场战争，在开始之前一定要先计划好怎么打、用多少部队打、在哪里打、要取得什么样的战果等。记忆也是一样的，一定要事先知道输入到人脑当中的信息，哪些是需要记忆的，哪些是无意义、不需要记忆的。这就是说人们一定要有目的地去记忆，这样才能够让记忆变得更有效率，也更准确。另外，事先做计划还有一个重要的目的就是对信息进行分类，这本身就是记忆过程中需要遵循的一条原则。任何东西在分类之后都能更方便地提取，就比如商店会把相同种类的商品放在一起，方便顾客进行挑选；教科书上面也是把同一学科的知识放在一本书当中方便学生学习，而不是把各个学科的知识放在同一本书当中。信息分类之后也同样能够方便人们记忆。信息分类就是把同一种类的信息放在一起进行记忆，在信息之间建立等级联系，或者将它们集中到同一类别的知识条目当中，计划好各种信息应该选择什么样的记忆方式，这样就能够准确有效地记忆各种信息。

其次，要对信息进行重新组合。很多信息在输入到人脑中的时候是没有任何顺序的，可能没头没尾，也可能杂乱无章，这就给人们的记忆带来了很大的困难。因此，想要记住这些信息，就必须把这些信息全部拆分开，改变原来的排列顺序，重新进行排列组合，达到总体的连贯性，这样就能够方便人们记忆。比如在买东西的时候，要根据商店放置商品的位置来做计划，这样在具体买的时候就能够避免来回走重复的道路。在记忆的时候适当缩减信息的数量，也是一种对信息重新组合的方法。很多时候信息组合的结构都是复杂的，有时候甚至是重复的，这种情况下，就可以通过减少某种信息的数量，组成更简单的信息结构来记忆。比如说记忆一组很长的数字，就可以把这些数字分隔开来，几个数字一组分别记忆，这样远比所有数字一起记忆简单得多，就像我们记手机号码，通常都会分三组进行记忆，就是这个道理。

第二，要学会联想。

把将要记住的东西和已知的东西之间建立联系的过程就是联想。联想的重点其实就是发挥想象力，这是一种主动的行为，需要我们在进行记忆活动的时候主动去激发。这种联想的方式是有一定好处的，很多的时候输入到人脑中的信息并不一定会和我们已知的记忆有关系，这种情况下就使得人们必须死记硬背去记忆。但是如果我们能通过联想的方式，把事物和已知的记忆建立起一定的逻辑关系，那就会方便人们记忆。比如说人们看到了一个非常凶猛的野兽，可能会不自觉将其和老虎联系起来，这样就能够加强人们对于这种猛兽的记忆，可能下次再见到老虎的时候，就自然而然地想起这种猛兽，这就是一种联想的方式。

第三，要学会构建心理图像。

心理图像法是最有效的记忆方法之一，心理图像就是对具体视觉感知进行想象后的综合图像，它能使人们记住较为复杂的信息，也适用于变化多端的情况。在日常生活中，它有助于人们想起丢失的物品的整个过程，或者是可以提前规划好出门需要到达目的地的最短路线。举个例子来说，我们在丢了东西之后，肯定不会漫无目的地去寻找，而是先要在脑海里回想起我们之前在哪里见到了这件东西，之后又干什么了，什么时候发现东西不见了，这样先在大脑中确定出一个大致的范围之后才去寻找，这就是心理图像法。

第四，要多加练习。

合理的记忆策略确实能改善人们的记忆，但是如果不能对各种记忆策略熟练地使用，也不能在合理的时机采用合适的记忆策略，那么再高明的记忆策略也没有任何用处。因此，一定要多加练习，把在任何情况下都能采取合适的记忆策略，锻炼成我们的习惯性行为，只有这样，记忆策略才是有效的。

◇ 把新输入的信息和已知信息建立联系 ◇

如果能够把新输入到脑中的信息和自己本身所记忆的有关系的信息联系在一起，就更能够方便人们去记忆。

1. 比如说我们遇到了一个新鲜的事物，这个事物是我们原先不认识的，这样记忆起来就会比较慢一些。

2. 这时我们可以回想一下记忆中有没有类似的事物，如果和我们之前认识的某种事物十分相似，这样我们就可以判断出这两种事物是属于同一个种类，从而让我们对这个新的事物有深刻的印象。

很多的信息之间都存在着千丝万缕的联系，把那些有联系的信息放在一起，就会方便我们记忆。

第二章

科学训练，实现过目不忘就如此简单

找到适合自己的记忆方法

人们在日常的学习和生活中，想要培养和提高自己的记忆力，就必须运用一定的记忆方法和记忆术。但是，提高记忆的方法有很多种，不仅包括思维性记忆方法、对象性记忆方法、时间性记忆方法、感官性记忆方法等特殊方法，还包括联想、组块和媒介等一般的记忆方法，并不是说想要提高记忆力就要把所有的记忆方法全部用上，而是要有选择性地运用。

第一，要灵活运用各种不同的记忆方法。各种不同的记忆方法对于记忆各种信息有不同的效果，因此想要提高和培养自身的记忆能力，就必须要根据记忆材料的不同来选择记忆方法。掌握灵活运用的原则，有时候有些记忆材料需要多种方法的共同运用才能记忆住，这时候人们就必须做好选择，把最适合的方法结合到一起进行记忆。

第二，要选择最适合自己的记忆方法。每个人也都有最适合自己的记忆方法。有些人可能会在清晨的时候记忆效果最好；有些人可能在夜深人静的时候记忆效果最好；有些人可能习惯在安静的环境下进行记忆；有些人可能习惯于一边写一边记；有些人可能必须要在一些辅助策略的情况下才能更好地记忆。因此，人们要想使自己的记忆效率更高，记忆更持久和牢固，找到一个适合自己的记忆方法至关重要。

一个记忆方法到底适不适合自己，要根据一定的原则来进行判断。

第一，根据记忆的材料和种类判断。

记忆的材料和种类是多种多样的，有些是直观的，有些是抽象的；有些是文字材料，有些是影像材料；有些是有意义的材料，有些是无意义的材料。人们究竟对哪种材料的记忆效果最好是因人而异的。一般来说，成年人对文字材料记忆效果好，而儿童对直观的材料记忆效果好，有意义的材料也比无意义的材料更容易记忆，不容易被遗忘。因此，人们不能总是选择单一的材料进行记忆，否则会由于特定区域的长时间工作，导致大脑抑制，使人们变得疲劳，记忆效果也变差。当然，这也要根据个人的特点去选择和总结。

第二，根据时间判断。

每个人都有自己最佳的记忆时间，这个时间需要人们自己去探索和发现。摸索出自己的最佳记忆时间之后，利用这段时间选择有效的记忆方法进行记忆，就能够有效地提高自己的记忆力。

第三，要根据记忆材料的数量判断。

很多时候，记忆材料的数量越多，人们遗忘的就会越多，所以人们一次记忆材料的数量不宜过多。虽然人的记忆力在理论上是无限的，但是每个人在同一时间记忆材料的数量是有限的，人们必须找准自己在同一时间能够记忆的信息数量，随后根据自己能记忆的信息数量选择最适合自己的记忆方法。

提高记忆效率的条件

在日常生活中，人们经常会发现，对于一个相同的信息，有些人记忆快，记忆效果好；有些人记忆慢，记忆效果不好，这主要是因为人们的记忆效率不同。因此，人们要想更好地记忆信息，就必须想办法提高自己的记忆效率。

第一，要有效地组织信息。

各种信息在输入到大脑当中时，在顺序和规律上的表现是混乱的，不同的信息会掺杂在一起，同时输入到大脑中，给人们的记忆带来麻烦。因此，要提高记忆效率，就要把信息重新和有效地组织起来，这样记忆才会更有效率。

组织信息有两种方式，分别是事先做计划和对信息进行重组。无论做什么事情都需要有一个清晰的计划，记忆也一样，一定要事先知道输入到大脑当中的信息，哪些是需要记忆的，哪些是无意义、不需要记忆的，这样才能够让记忆变得更有效率，也更准确。另外，很多信息在输入到大脑中的时候，是没有任何顺序的，可能没头没尾，也可能杂乱无章，这就给人们记忆信息带来了很大的困难。因此，想要记住这些信息，就必须把这些信息全部拆分开，改变原来的排列顺序，重新进行排列组合，建立出一个总体的连贯性，这样就能够方便人们记忆，记忆的时候也更有效率。

第二，学会构建心理图像。

心理图像能使人们记住较为复杂的信息，有效地提升人们的记忆效率。一般在人们记忆复杂信息时，都会没有任何头绪，不知道到底该从哪里开始记忆，这就使人们记忆信息时非常缓慢，没有效率。构建心理图像，能够快速帮助人们找到复杂信息的源头，把信息进行分解并且重新组合，这样就有助于人们记忆，能极大地提高人们的记忆效率。

第三，合理分配记忆阶段。

在记忆的时候，把信息集中在一段时间进行记忆和分几段时间进行记忆是有很大不同的。前一种情况可能在记忆疲劳之前得到了足够的休息，并且给记忆信息留下足够的吸收和理解的时间，能使人们的记忆变得更有效率。

第四，多种编码方式相结合。

很多信息非常复杂，使用一种编码的方式进行记忆效果并不好。比如说上课时老师给学生讲一些理论性非常强的知识，如果学生只是通过用耳朵听来记忆，知识的记忆效果并不好，即使记住了，也要花费很多的时间。而如果把听和做笔记两种方法结合起来，记忆效果就会非常好，记忆的效率也很高。

第五，转换视角进行记忆。

一个信息的角度是多种多样的，很多时候我们记忆困难，是因为

◇ 提高记忆效率的方法 ◇

良好的记忆效率，能够帮助人们更好并且更有效率地记忆信息。那么，如何提高自己的记忆效率呢？

1. 善于排除干扰

要寻找安静的学习环境。如果在公园里看书，效果肯定差强人意，而在安静的环境下则好得多。另外在学习的时候，心中不要想其他的事情，专心投入学习。

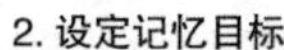

2. 设定记忆目标

明确自己在一定时间内的任务量，提醒自己要集中注意力，经常这样练习，潜意识里就会有这种印象，学习质量肯定会有所提高。

3. 讲究劳逸结合

人的记忆是有曲线的，不要盲目地学习，而且你不能把学习当作是一种负担，而要当作是一种乐趣，从学习中找到快乐！

我们选择的角度和视角不对。如果我们能够转换一下视角，选择一个最简单的视角进行记忆，记忆就会变得非常有效率。

为大脑提供必要的营养

大脑是人体的主要器官之一，大脑的正常运行需要足够多的能量支持，因此需要不断给大脑补充营养。记忆是一种紧张的脑力劳动，而大脑的工作能力又受到大脑内部各种营养的制约，因此合理的营养也是加强记忆的物质基础。只有用各种营养保证大脑和神经系统的正常运转，才能保持记忆系统的正常运转。

大脑所需要的主要营养是氨基酸和磷脂，氨基酸的种类有很多，包括苯基丙氨酸、酪氨酸、谷氨酰胺等，磷脂包括卵磷脂和磷脂酰丝氨酸等。

氨基酸是构成蛋白质的主要单位，人体对蛋白质的需求实际上就是对氨基酸的需求。蛋白质主要由 20 多种氨基酸组成，其中有 12 种氨基酸人体自身就可以产生，还有 8 种氨基酸需要从饮食中获得。

苯基丙氨酸是最重要的一种氨基酸，它是制造儿茶酚胺的主要原料。儿茶酚胺是一种含有儿茶酚和胺基的神经类物质。儿茶酚和胺基通过 L– 络氨酸在交感神经、肾上腺髓质和亲铬细胞位置的酶化步骤结合。儿茶酚胺主要应用于神经传递的过程中，对精气神起到提升作用。苯基丙氨酸能够通过消除人们的精神疲劳来提高人们的注意力。苯基丙氨酸主要蕴含在鸡肉、鱼类、牛肉、蛋类和大豆中。

酪氨酸同样能够抵抗精神抑郁和加强精神清醒，从而提高人们的记忆力。酪氨酸主要蕴含在鱼类、肉类、鸡肝、香蕉、酵母、干酪等食物当中。

谷氨酰胺是身体的生化过程中产生的一种氨基酸，它是大脑的燃料，同时也控制着大脑内部其他胺类物质的产生。它能够穿透大脑当中的层层障碍，提升人们的智力。实验证明，提高人体内谷氨酰胺的含量能够使人们更好地学习和记忆，同时谷氨酰胺还能够加速胃溃疡的恢复，对酗酒、精神分裂、疲劳等有正面的作用。谷氨酰胺主要蕴含在所有的小麦和大豆当中。

磷脂是含有磷脂根的类脂化合物，是生命的基础物质。而细胞膜就由 40% 左右的蛋白质和 50% 左右以磷脂为主的脂质构成。

卵磷脂中蕴含着丰富的胆碱，胆碱对人们的学习和记忆有重要的作用。实验证明，胆碱对人们的记忆能力、思考能力、肌肉控制力和连续学习能力有重要的提升作用。随着胆碱含量的提高，细胞间的信息传递速度会增加，人们的记忆能力也会随之提高。卵磷脂主要蕴含在蛋黄、三文鱼、小麦、大豆和瘦牛肉当中。

磷脂酰丝氨酸的补充能够延缓和改善记忆力的衰退，对帕金森症、阿尔茨海默氏病、癫痫和老年记忆衰退等有很好的治疗作用。研究表明，每天服用100~200毫克的磷脂酰丝氨酸能够提高人们15%的学习能力和记忆力。磷脂酰丝氨酸主要是通过刺激大脑区域的新陈代谢来提高细胞膜的灵活性，从而提高记忆力。

记忆体操，平衡你的左右脑

人们天生的记忆潜力是不能被改变的，但是采用科学的记忆方法提高记忆效果却完全能够实现。事实证明，人们的记忆力是完全能够被训练的。人们可以通过训练学会运用科学的记忆策略和方法，弥补人们天生的记忆力上的缺陷，大大提高记忆效率和改善记忆效果。

提高记忆力的一个重要方法是体操训练法。

人们可以通过锻炼来提高身体的能力，记忆也一样，人们可以通过做记忆体操的方法，使记忆力得到训练和提高。

大脑包括左半球和右半球两个部分，分别管理着人们的运动和感觉系统。其中左脑半球支配身体右侧的感觉和运动，而右脑半球管理着身体左侧的感觉和运动。科学研究证明，左脑半球主要负责抽象思维的运动，主要包括语言、逻辑、数学、分析判断和其他科学活动；右脑半球主要负责形象思维活动，主要包括空间关系、艺术和直觉活动等。由于大部分人的主要活动都依靠人们的右侧身体部分，因此人们的左脑半球很容易产生疲劳，而人们则可以通过增强左侧身体的体操运动，增加右脑半球对左脑半球的平衡和协调作用，减轻左脑半球的负担，改善人们的记忆能力。

这种单侧体操的训练主要有五个要领：每个训练要领都要重复做8次。

◇ 给大脑提供营养 ◇

氨基酸是大脑的营养品，磷脂则能够润滑大脑的细胞。

科学研究发现，某些含氨基酸的补品能够增进精神、缓解疲劳和提高大脑运行速度，从而促进人们记忆力的提高。含有氨基酸的食物有肉类、蛋类以及大豆等。

磷脂的主要作用是提高细胞膜的流动性和敏感性，对记忆力有一定的促进作用。含有磷脂的食物有蛋黄、鱼类、小麦等。

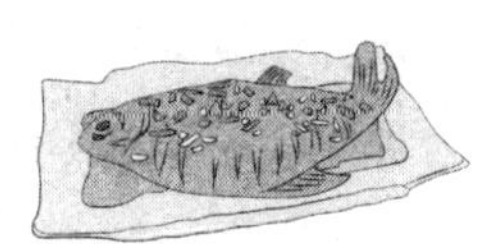

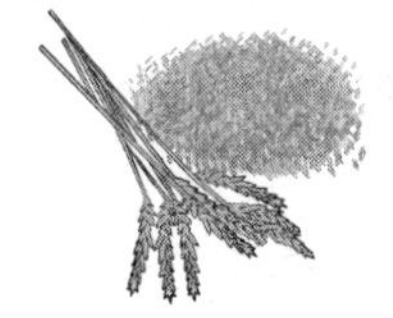

因此，想要提高自己的记忆能力，除了用对方法之外，还应该加强大脑的营养，多食用含有氨基酸和磷脂的食物。

要领一：1. 全神贯注地站立并且左手紧紧握着拳头；

2. 左手腕用力，同时弯曲手臂，慢慢举到臂直；

3. 收回弯曲上举的手臂，回到原来的姿势。

要领二：1. 仰卧在平地上；

2. 左腿伸直并向上抬起；

3. 将抬起的腿倒向左侧，但是注意不能接触地面；

4. 将腿慢慢收回，回到原来的位置。

要领三：1. 直立并且左臂向左侧平举；

2. 将左臂上举，但是注意头部不能移动；

3. 以相反的顺序回到原来的姿势。

要领四：1 身体直立向左侧倒；

2. 以左手和右脚为支撑，左臂伸直，身体保持倾斜着的直线；

3. 弯曲左侧膝盖起身，回到原来的姿势。

要领五：1. 俯卧；

2. 跷起脚尖，向俯卧撑一样用脚腕和脚尖支撑身体；

3. 弯曲手臂，同时将左腿高抬，右臂不能用力；

4. 慢慢重复屈伸手臂两次。

当然，想要增强右脑的平衡作用，不能单靠记忆体操训练法进行训练，平时注意尽可能多地用左侧肢体进行活动也很重要，比如用左手吃饭、用左手写字等。

凝聚注意力的训练方法

记忆力和注意力有着很密切的关系，人们集中注意力观察的事物或行为，能够在大脑中留下深刻的印象，注意力越集中，印象就越深刻，对事物或行为的记忆就越好。相反，很多时候我们不能记住听到或者看到的东西，就是因为注意力不够集中。因此，想要提高自身的记忆力必须从提高注意力开始。

一般来说，想要让自己的注意力得到提高应该做到以下几点。

第一，选择环境。

环境对注意力能否集中有十分重要的影响：一方面，人只有在安静的环境下才能集中自己的注意力，做到专心致志；另一方面，一个

◇ 记忆保健操 ◇

有一种通过穴位按摩的方法来进行的记忆体操，即记忆保健操。步骤为：

1. 要在头部找到天柱和风池两个穴位：天柱穴位于后头骨正下方凹处，也就是脖子处有一块突起的肌肉；风池穴位于颈部，当枕骨之下，与风府穴相平，胸锁乳突肌与斜方肌上端之间的凹陷处。

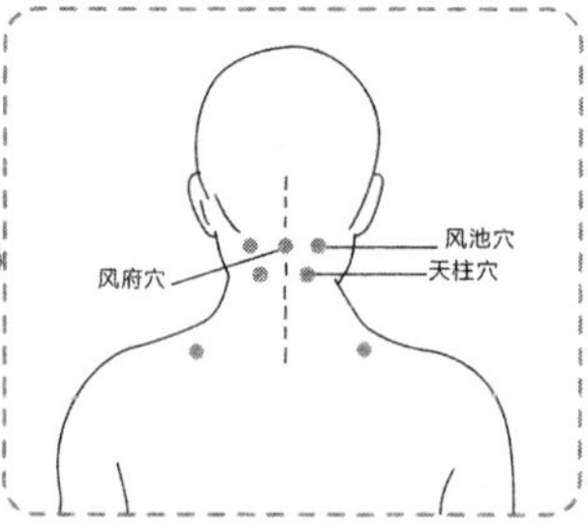

风池穴
风府穴
天柱穴

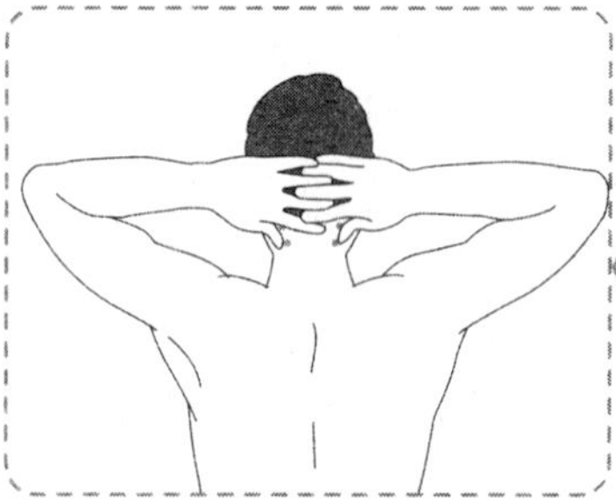

2. 双手交叉，用拇指的指腹按住这两个穴位，然后在压住 5 秒钟之后突然加大力量，随后移开手指。

3. 重复 5~10 次就能够让大脑产生清醒的感觉。还可以再加上大脑顶部正中的百会穴的按摩，效果会更好，百会穴的位置如图所示。

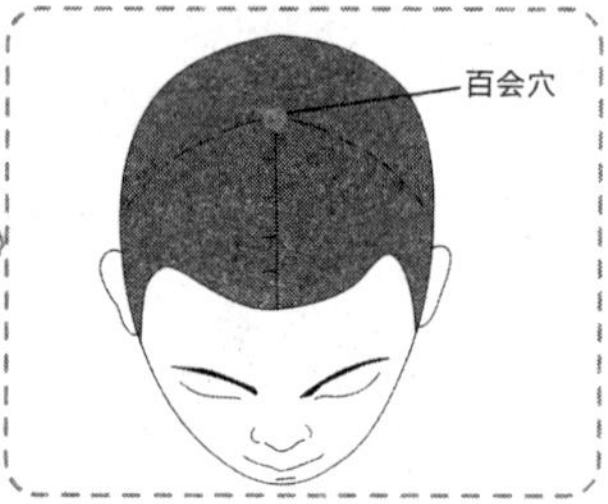

百会穴

固定安静的环境，会使人们在同样的条件下更容易产生集中注意力的条件反射。这种情况相信大多数人都体会过，就像在班级内背诵一首古诗一样，老师在的时候背诵明显比老师不在的时候背诵得要快，因为老师在的时候班级是安静的，而老师不在的时候班级是乱哄哄的。

第二，排除分心。

人们在进行记忆活动的时候，经常会被别人打扰，而大多数人在被打扰过之后大多会忘记之前记忆的东西。这是因为人们在被打扰之后，注意力转移到了别的事物上，导致一些其他的信息对之前正在记忆但是还没有记忆牢固的信息产生冲击，最终造成了信息的遗忘。因此，想要集中注意力就绝对不能分心。

第三，精力充沛。

保持精力充沛是为了避免和减轻大脑的疲劳。当人们长时间集中注意力的时候，很容易会造成大脑的疲劳。这种情况下，不论怎么样努力，都无法集中注意力，很难看得进去任何东西。比如一个人前一天晚上没有休息好，第二天就强打着精神，集中自己的注意力在电脑上写东西，等到最后检查的时候就会发现，错别字非常多，这说明他在打字的时候注意力并没有真正地集中，而无法集中的原因就是大脑疲劳。

第四，目的明确。

一个明确的目的能让人们在更短的时间内做完更多的工作，这种情况的产生和人们的心理因素有很大关系。当你有明确的目的进行记忆时，比如说老师要求你在一天之内背完一篇文章，背不下来就会找家长，这时候你一定会产生紧迫的心理，因为你不想让老师找家长，所以就会从心里面强迫自己集中注意力在背诵文章上。

第五，要有知识基础。

无论做什么事情，基础都是最重要的，就像盖房子，如果你不事先打好地基，又怎么能盖出来坚固的房子呢？很多记忆材料并不简单，里面可能包含很多复杂和丰富的知识，对于这样的记忆材料，没有一定知识基础的人，根本就看不懂。就像你看一本书，如果以你的知识水平根本就看不懂，你还可能集中注意力在这本书上面吗？所以，知识基础很重要。

第六，提高兴趣。

我们可以回忆一下，这么多年经历过的事情，记忆最清楚的一定是自己感兴趣的事情。一般来说，人们感兴趣的事情，就会不自觉地多看两眼，如果是特别感兴趣的事情，甚至可能会停下来观看。就像看热闹一样，如果是两个人对骂，你可能看一下就走了，因为你对这并不感兴趣。也就是说，人们越是感兴趣的东西，注意力程度就会越高，注意力就越集中。

下面我们来做几个提高注意力的训练。

训练 1：

你的桌子上肯定摆着很多件物品，比如说电脑、杯子、书、笔等。你可以选择一件物品，在两分钟之内对其进行追踪思考，即思考和这件物品有关的一切内容。比如思考杯子，你可以想到各种各样的杯子，想到杯子都能做什么，想到杯子是如何制造出来的，用什么材料制造出来的等。要注意，这个时候必须集中注意力，不能去思考和其他物品有关的内容。在集中思考两分钟之后，立即把注意力转移到第二件物品上进行思考。你会发现，在开始进行这样的训练时，并不能在两分钟之后迅速转移自己的注意力，但是如果能够每天坚持训练 10 分钟，并且坚持训练两周，这种情况就会得到改变，你转移注意力的速度会得到提高。

训练 2：

“头脑抽屉”训练。设想出三件自己要做的事情，比如什么时间学习，什么时间出去游玩，什么时间去工作等，同样对每件事情分别进行思考，同时保证思考一件事情时集中注意力，不能被另外两件事情干扰。在规定时间思考了一件事情之后，要迅速转到对第二件事情的思考上。刚开始的时候可以把思考每件事情的时间定在一分钟，随着训练的深入，时间也要逐渐增加，但是最好不要超过三分钟，否则这种训练会失去效果。

训练 3：

把一件能够发出声音的设备的音量调小，调到人们刚好能听清楚的地步。随后，仔细听这件设备发出的声音中所包含的内容，坚持三分钟。实际上，这种训练方法在很多地方都可以进行，比如说在嘈杂的环境下听收音机，或者在噪声很大的环境下仔细听其他两个人之间的对话等。

训练 4：

高声朗读一篇文章，并且用录音机录下来。随后开始播放，但是要把声音调节到刚好能让人听清楚的程度。播放的时候并不是把所有内容一次性放出来，先播放两三句话，随后关闭录音机，小声默念听到的内容，随后再听两三句，再默念内容。每次训练五六分钟，坚持下去就能逐渐提高自己的注意力。

训练 5：

选择一张图画，仔细注视几分钟，一直到自信看过整张画为止。随后闭上眼睛，回忆图画中的内容，要保证自己回忆的内容尽量完整。随后，睁开眼睛，重新看一遍原来的图画，如果发现自己回忆得并不完整，那就重新进行回忆。长时间进行训练，不仅能够集中注意力，还能够提高注意范围的广度。

训练 6：

随便选择一个数字，不能太小，也不要太大，最好是三位数，选择好数字之后开始倒数，一直倒数到 0。但是要注意，不能够按照顺序倒数，每次倒数时中间要间隔 2~3 个数字。如果倒数的中途出现错误，那么必须从头开始，重新进行倒数。长时间训练下去，对于注意力不能集中的人有很大帮助。

训练 7：

同样选择一个三位数开始倒数，一直到 0 为止，中间同样间隔几个数字。要求：倒数的时候必须发出声音；每次出现错误之后并不从头重新开始，但是要把出错的那个数字重新读出来。这种方法同样能训练人们集中注意力，一旦注意力不集中，很可能就会不知道自己到底是哪个数字出现了错误，那么就功亏一篑了。

训练 8：

7 分钟之内在一张纸上写出 1~300 这一系列数字，要求不能出现错误。刚开始的时候，可能会出现写不完或者是书写错误的情况。但是长期训练下去，总会达成目标的。一旦目标达成，注意力就会得到很大的提高。

训练 9：

白日做梦，努力思考。这种方法就是通过自己努力思考将两件不相干的事情联系起来。比如说你看一本并不感兴趣的书的时候突然想起了自己以前学习跳舞那时候的场景。实际上这是通过一个思考的过程才得到的，书中有一部分写两头公牛斗殴的情景，这使你想到了 NBA 的芝加哥公牛队。想到公牛队，自然就会想起 NBA 最伟大的球星迈克尔·乔丹。由于出现了迈克尔这个词，就可以想到迈克尔·杰克逊。迈克尔·杰克逊最擅长的就是唱歌和跳舞，最后联想到了自己小时候学习跳舞的场景。这种思考和注意力的关系非常密切，如果不集中注意力，中间的一些过程可能根本就想不起来。所以，长期进行这样的训练，同样有助于人们注意力的集中。

训练 10：

设定一个由 200 个数字组成的数字表，数字可以重复，位数不能太多和太少，5 位数左右最好。随后用两分钟的时间仔细观察图表，在图表中找出某一数字出现多少次。注意：图表可能是由 200 个 5 位数组成的，但是我们要寻找的这个数字并不一定是 5 位数，可以是 2 位数、3 位数、4 位数等。如果图表中的一个数字包含着我们要寻找的数字两次，那也要算这个数字出现两次，比如说我们要寻找 38 这个数字，数字表中有一个数是 38380，那么这就算 38 出现了两次。长期训练，注意力会逐渐提高。

用想象力形成记忆的训练方法

想象力的发挥主要是根据空间或时间上的相近事物在人们的经验中形成的联想来进行，另外还可以通过同音、近音、同义、近义等语言上的特点来进行。

可能很多人对联想记忆法嗤之以鼻，可是这并不是我们应该重点

◇ 注意力训练的三种常用方法 ◇

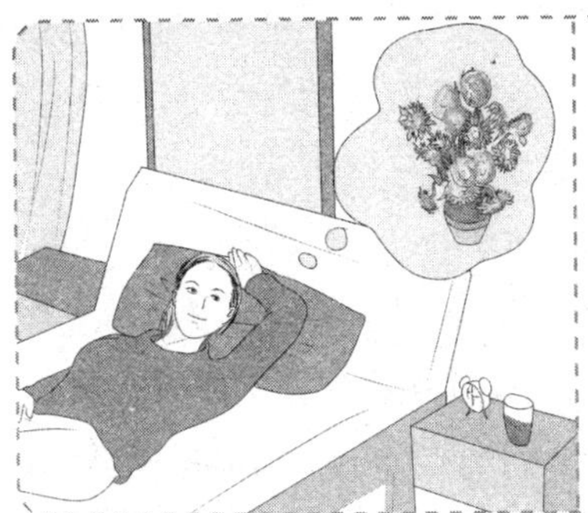

1. 选择一个安静的地方，躺下，放松自己。闭上眼睛，选择一个熟悉的物体，想象几分钟，如果和这件物体有关的东西总是会出现在大脑中，就说明注意力还没有集中到物品本身上。坚持训练下去，这种情况会得到改善。

2. 准备一块表。眼睛盯住上面的秒针，并且随着秒针移动，坚持三分钟。要注意，这三分钟时间内不能做其他的事情，也不能被其他的事情打断和破坏。

3. 可以经常到一些有噪声和干扰的环境中去学习。要注意：控制情绪，不能随意发火；把注意力都集中在学习的内容上。

关注的问题，我们只需要知道，这种方法比按顺序死记硬背的方式更简单，并且可以节省了很多时间和精力。

通过联想进行记忆的方式，它并不要求人们进行的联想必须要符合实际情况和逻辑关系，荒谬的、不符合实际情况和逻辑关系的联想完全可以被接受，当然前提是必须能帮助人们把信息记忆清楚。

联想的运用和人们自己的想象力有密切的联系，想象力越丰富，进行联想的速度就会变快，人们的记忆速度也会随之加快，记忆效率就会得到提高；如果想象力很贫乏，很可能会造成人们在对一些信息进行联想时，速度非常慢，这样就会严重影响记忆速度和记忆效率，如果联想的速度比死记硬背的速度还慢的话，用联想的方式进行记忆就没有任何意义了。

当然，即使你的想象力不够丰富也不用担心，因为想象力可以通过一定的训练得到提高。

训练 1：

选择一些毫无关系的实物词语，发挥想象力，把它们联想在一起。

比如可以是这两组词语：

（1）电脑、茶杯、苹果、飞机、衣服、手表、钢笔、港币、毛巾、花盆

（2）矿泉水、电线、楼房、白纸、空调、轮船、橘子、灯泡、香烟、裤子

可以发挥你的想象力，对这两组词语进行联想，每组词语可以多进行一些不同的联想，长期训练，想象力就能得到提高。

训练 2：

选择一些毫无关系的抽象词语，发挥想象力，把它们联想在一起。

比如可以是这两组词语：

（1）素质、共和、哲学、全面、民主、路线、习惯、政策、伟大、满意

（2）情绪、明亮、方针、结构、卫生、梦想、难过、理论、渴望、中国梦

同样需要坚持对这两组词语进行不同的联想，长期训练，想像力同样会得到提高。

训练 3：

选择两个毫无关系的词语组成一个词组，一共准备 10 个词组，在两分钟时间内用联想的方法进行记忆。

可以对下面这 10 个词组进行记忆：

电脑——窗帘　茶杯——灯泡　森林——月亮　火车——鸡毛　鸡蛋——钱

白纸——白菜　花盆——轮胎　玻璃——麻雀　馒头——老虎　啤酒——表

训练 4：

把自己感兴趣、比较了解或者是积累了很多知识的题目写到一张白纸上，随意发挥想象，把自己知道的和这个题目有关的知识都写在纸上。比如说你写的是秦朝，就可以联想出车同轨、书同文、焚书坑儒、陈胜吴广起义、秦始皇、兵马俑等相关知识。再比如说写足球，就可以联想出足球的发展、世界杯、金球奖、皇家马德里、罗纳尔多、广州恒大等与足球有关的内容。

训练 5：

自由想象力训练。首先选择一个词语，随后通过这个词语联想出 10 种事物，随后把这 10 个事物连接到一起。例如，由足球这个词可以联想出世界杯、外星人、电影、朱茵、《光辉岁月》、革命、大米、长江、移民。把这些事物连贯起来就是：足球领域最重要的比赛就是世界杯；由世界杯想到的是，现在在世界杯中进球最多的是外星人罗纳尔多；由外星人想到了和外星人有关的电影；由电影想到著名的电影演员朱茵；由朱茵想到了她的老公黄贯中，黄贯中所在的 Beyond 乐队曾经有一首著名的歌曲叫作《光辉岁月》；由《光辉岁月》想到

了这首歌是为曼德拉写的，而曼德拉一生为黑人的革命做出了重大的贡献；由革命想到，在艰苦的革命时期，先辈们连大米都很难吃上一次；由大米想到大米是通过种植水稻得来的，而中国最重要的水稻种植区是长江中下游地区；由长江想到了三峡工程，为了建成三峡工程，国家进行了百万人口的移民。

可以看见，人们在进行这种联想的时候能让想象力得到充分的发挥，对于训练想象力有很大的作用。请继续用儿童、火车、马、物理等词语进行联想。

训练 6：

从剧本或诗歌中选择一些想象力丰富的句子或段落进行阅读。随后闭上眼睛进行联想，使你读到的句子或段落尽量形象化。比如说你阅读到的是“几匹蚂蚁大小的马匹替她拖着车子，越过酣睡的人们的鼻梁”，那么你的头脑中就必须形成“人们在睡觉时，蚂蚁大小的马匹拖着车子越过了人们的鼻梁”这样的形象。

观察，深刻记忆的关键

人们对一件事情或事物的记忆是否深刻，主要是看事情或事物给人留下的印象是否深刻，印象越深刻，记忆就越牢固。就像人们往地上钉木头桩子一样，钉得浅了，可能很容易就会倒掉；只有往深钉，木头桩子才会坚固。

很多事情之所以给人们留下深刻的印象，都是因为客观原因，就像你目睹了一个人用刀杀害另一个人的场面，这种事情留给你的印象当然很深刻。但是现实生活中的很多事情并不是这样的，它本身没有吸引人的地方，没有动人的场面，就是一幅平平淡淡的样子，这样的事情本身并不会给人留下深刻的印象。可是很多时候这样的事情却要求我们记忆，那应该怎么办呢？在这种情况下，人们需要做的是从主观上获得强烈的印象，也就是要主动地观察。就比如说让你记忆一块没有任何特点的石头，由于它本身并不存在任何有别于其他石头的地

◇ 适用于发挥想象力进行联想的情况 ◇

发挥想象力进行联想主要应用于以下两种情况：

1. 被记忆的信息没有什么实际内容，同时也没有实际意义，既谈不上理解也不能勾起人们的兴趣，比如说电话号码、一些难读的音译地名等。

2. 由很多孤立材料组成的复杂记忆材料，并且记忆材料之间联系很少，甚至根本没有联系。对于这样的材料，联想是最好的记忆办法。

想象力是记忆的来源，发挥想象力进行联想，也是人们在记忆某些东西时的重要方法。

方，所以并不会给你留下特别深刻的印象，这个时候你就只能仔细观察，通过记住这个石头的样子来记住石头。

人们常说“眼见并不一定为实”，也就是说有时候用眼睛观察到的并不一定是真实的。实践证明，这样的说法确实有一定的道理，因为很多时候人们经过仔细观察得到的结论和记忆，最后却发现是错误的。比如说你观察一个人很久，通过他的为人处世等行为最后得到结论，这是一个好人。但是一段时间之后，你却得知这个人因为犯了大罪而被抓起来了，这就否定了你之前观察所得到的结论。那么，观察出现错误这种情况到底是什么原因造成的呢？

第一，观察过程被自己的情绪支配。对于自己喜欢的和自己兴趣爱好相一致的，就认真仔细地观察，必须要把所有事情都弄清楚；而对于自己不喜爱的，就弃置一旁或只是草草观察一下，根本不能得到全面的信息，因此也使得观察在很大程度上具有片面性。

第二，只对那些无关紧要的线索产生反应，结果把观察和思维引向了歧途。比如说让你仔细观察一件雕塑物品的各个方面，但是你却只顾观察雕塑的形象，而忽视了雕塑的其他方面，导致自己观察之后完全没有得到有用的信息。

第三，很多时候对事物起主导和支配作用的是那些不被人注意的弱成分，而那些显露在外的显著的外部因素却没有任何意义。但是，能在第一时间吸引人的意识做出反应的恰恰就是这些外部因素。因此，一旦人们过多停留在对外部因素的观察上，就会被表象所迷惑，从而影响观察的准确性。

第四，人云亦云的从众心理以及受权威和现实结论的影响，使观察变得没有任何意义。这种现象非常普遍，比如说现在网络上对某些事物的评论，很多人根本就不仔细观察事物本身，上来就先看评论，如果评论不好，内心里就认定这个事物是不好的。

第五，不能识别影响感知的全部因素。这也就是说很多东西虽然观察到了，但是自身却觉得这些东西没什么重要意义，所以自动忽略了，从而导致观察结果出现错误。

那么想要得到正确的观察结果应该怎么做呢？

第一，要有明确的观察目的，即为什么观察，都要观察什么。人们在进行观察的时候同样需要集中注意力，但是如果没有明确目的，注意力根本就不会集中。就比如说去大街上看人，如果没有明确的目的，那最后得到的结果很可能就是“大街上人真多”；而如果有一个明确的目的，比如说去大街上看美女，那么最后可能就会得出“今天看到多少个美女”“第几个最好看”这样的结论。从这里也可以看出，没有目的地观察几乎没有任何意义。

第二，观察之前要做好充足的准备，不仅需要明确的计划和步骤，同时也需要有一定的知识准备。观察伴随着思考，而思考就需要和其他的知识进行对比，以便做出正确的判断。当然周密的观察计划同样非常重要。事物并不是静止不变的，而是随着时间的流逝不断发生着变化。因此，为了防止由于事物的变化而导致人们观察时出现手忙脚乱的情况，就必须做一个周密的计划。

第三，观察要做到仔细、系统全面，一边观察一边思考，这样才有利于发现事物隐藏在深处的特点。电视里总是会播放一些警察破案的电视剧，经常看的人就会发现，没有哪个警察随便看一下案发现场就能够把案子破了，基本上都是警察在多次、仔细观察过案发现场之后，发现一些很细微的线索，从而慢慢才把整个案子破解。

第四，要让尽可能多的感觉器官参与到观察过程中，这样得到的观察结果才更精确。各种感觉器官接收信息后，对大脑刺激和储存的部位是不同的，也就是说不同感官接受同样的信息后所产生的印象也是不同的。所以多种感官参与到观察过程中之后，得到的结果要比单一感官参与的观察过程要全面。

第五，在观察过程中，要勤于记录。记录不仅能避免人们对观察结果的遗忘，也有助于对观察结果做出必要的总结，同时还可以避免遗漏。在下次进行观察时，之前的记录还可以作为观察的基础。

当然，这只是观察的一般方法，或者是保证观察结果不出现错误的方法。那么，具体到某一件事物上，到底应该怎么样进行观察呢？或者说是按照什么样的顺序进行观察呢？

具体到某一事物上，到底应该怎么观察，并没有一个一成不变的方法，这主要是因为各种事物是不同的，没有哪一种具体的方法能够适用于所有的事物。就比如说，你观察一个建筑物和观察一个人的方法能一样吗？观察建筑物可能会观察一下它的占地面积，如果观察人的话也观察其占地面积，对你认识这个人有什么帮助吗？虽然并不存在一个适于观察所有事物的具体方法，但是观察事物的大致顺序还是通用的：第一步，观察事物的全貌，得到一个总体的印象，并且找出总体特征；第二步，找出组成事物的各个部分的特征以及相互之间的关系；第三步，观察事物各个组成部分的重要细节。按照这样的顺序去观察事物，并且配以正确的观察方法，基本上不会得到错误的观察结果。

当然，只掌握了正确的观察方法并不能立即提高自己的观察能力，在平时也要多进行对观察力的训练。

训练 1：

有意识地培养自己的注意力。可以抓住生活中的一件事，比如说一名同学被老师罚站。事情发生之后，马上观看全班同学的各种反应：有一边看那个同学一边笑的；有严肃地看着那名同学的；有人趴在桌子上继续学习，一副事不关己的态度；有人趴在桌子上偷偷摸摸地笑，感觉很开心；还有人站起来打算帮那名同学说好话等。随着时间的推移还要对事情的发展和结果进行仔细观察，这样慢慢养成对各种事情都能进行仔细观察的能力。

训练 2：

以运动的机器或变化着的事物为对象，按照步骤仔细进行观察。找出事物运动变化的原因。

训练 3：

以静止的物体为对象，按照观察步骤仔细进行观察，找到它的各种特点，直到抓住事物的本质特征为止。

训练 4：

随便找一幅图画，仔细观察其中的细节，几分钟之后，找别人帮忙对和图画中有关的细节进行提问。问题可以是图画中有几个人、每个人穿什么颜色的衣服等。如果没有别人的帮助，则可以凭借记忆把图画重新画出来，随后检查错误的地方。

训练 5：

画一张某个地方的地图，在地图上标出一些自己熟悉或者不熟悉的地方。标注完之后，把自己画的地图和真实的地图进行比较，找出标错的地方。但是不进行改正，而是把如何改正记在自己的大脑中，随后重新画一张。注意：需要按照错误的多少来决定重复的次数。当这张地图没有问题之后，就开始扩大地图的范围，直到整个世界地图。

训练 6：

自己估算一下从一个地方到另一个地方的距离，想一想自己需要多少步才能走完，随后走一次，看看自己走了多少步。如果估算得不对，下次要重新估算。当然，也可以估算一下楼房上窗户的数量、商店里货架上货物的数量等。这样能够训练人们估计距离和数量的能力。

训练 7：

打开收音机，随便选择一个台，仔细听里面发出的声音。如果觉得声音很熟悉，那就辨别出这个说话的人，随后核对对错。如果只记得面孔但想不起名字，可以在结尾时仔细收听一次。这种训练要经常做，直到熟练为止。

训练 8：

辨别声音。找一个比较嘈杂的地方，随后仔细听周围的各种声音，包括人的声音、动物的声音、机器的声音等，注意音调的高低和变化、模式和速度，设法辨别出各种声音。

训练 9：

回忆一个自己熟悉的人，然后回答问题。

◇ 训练观察力的三种方法 ◇

1. 选择一个目标，仔细观察几分钟，在不参照原物的情况下画一张图。然后把自己画的图和原物进行比较，找到画错的地方，不参照原物再画一次，把画错的地方修正过来。

2. 扩大观察的范围，比如说一间教室。开始时观察你最熟悉的教室，随后观察你不是很熟悉的教室，最后观察只看过一次的教室。每次观察之后都要尽量描述出观察的细节，越详细越好。

3. 走在大街上，随便找一辆汽车，用两秒钟时间看完它的车牌号，随后闭上眼睛，对这个车牌号进行回忆。刚开始的时候可能回忆不出来，经过一段时间之后就不再是问题了。

（1）他的头发是什么颜色的，发型又是什么样的？

（2）他的脸形是什么样的，脸又是什么颜色的？

（3）眉毛是浓还是淡，是粗还是细，是什么形状的，有什么特点？

（4）眼睛的特点，是大还是小，是双眼皮还是单眼皮？

（5）鼻子是什么形状的，有什么特点？

（6）他的耳朵有什么特征？

（7）他的牙齿有什么特征？

（8）他的下巴是什么形状的，尖还是圆？或者有其他的特征。

回答之后，下次再见到他时，仔细观察和自己回忆的是否相同，看看你对他的观察到底仔细与否。

复习的集中和分散方法

记忆的遗忘规律表明，信息在输入到大脑中后就开始被遗忘。因此，为了防止一些重要信息被遗忘，必须对接收到的信息及早进行复习。信息在输入到大脑当中之后，会进入到短时记忆系统中。短时记忆系统储存信息的时间很短，同时容量有限，其中的信息不能够给人留下深刻的印象。因此，想要长期记忆一个信息，必须让这个信息从短时记忆系统过渡到长时记忆系统中。在信息过渡的过程中，最重要的手段就是复习。

复习有两种方法，分别是集中法和分散法。

集中法是指在复习信息的时候，要一直坚持到把信息全部记住为止，中间不能休息，并且尽量保证自己不被别人打扰。

分散法是指在集中注意力复习信息一定的时间之后，休息一段时间，随后再复习一段时间，之后再休息一段时间。这样反复循环，直到把所有信息记忆清楚。当然，每次休息的时间不能太长，要保证不能遗忘之前复习过的信息。另外，在休息时要尽量避免做那些和复习内容有关的事情或精神活动，最好是做一些轻松的运动，避免休息的效果变差。

从实际情况来看，分散复习要比集中复习效果好。集中复习虽然能让人们在短时间内记住信息，但是在一定时间内输入到大脑中的信息过多，很容易造成大脑疲劳，会严重影响记忆效果。在这种情况下，即使把信息记住了，记忆的时间也不会很长。相反，分散复习就不会出现这样的问题。第一，分散复习能让大脑得到足够的休息，可以避免因为大脑疲劳而导致记忆效果下降，同时也能保证人们在进行复习活动的时候，始终保持高度集中的注意力；第二，各种信息会在休息的时间重新进行整顿，从而方便与已有记忆的联结，让记忆变得更深刻；第三，由于复习是对同种信息的反复识记，因此很容易就会让人对信息失去兴趣，影响记忆效果和效率，但是，使用分散法复习时，大脑会得到一定的休息，而在休息之后人们会对同一件事物产生出新的兴趣，从而提高记忆效率。

当然，复习也需要进行训练。因为复习需要有一定的方法，只有经常训练，才能熟练地运用各种复习方法。

训练 1：

记忆速度的锻炼。利用录音机背诵课文：

第一步，选择一篇课文，在每句话中选择一两个准备发出声音的词语做上记号，避免遗忘，保证录音过程的顺利。随后默读课文，在碰到做了记号的词时发出声音，并且用录音机录下来。注意，录音的速度要和朗读的速度保持一致，即录音机一直开着，读课文时只需要在遇到做了记号的词时才发出声音，其余的要默读。然后播放录音，同时背诵课文，用录音机录下的词作为提示，帮助自己在有限的时间内把课文顺利背诵出来。

第二步，在背诵课文时，会发现有一些地方很容易出错，将这些地方的正确词句录下来，随后在播放录音时小声背诵。但是并不是跟随录音机背诵，而是要在自己主动回忆的情况下背诵，不靠录音机的提示，也不能让自己的背诵速度慢于录音的播放速度。只有在背诵错误或者背不出来时，才可以仔细倾听录音机发出的正确读音。

第三步，用录音机把课文完整录下来，随后开始背诵，在背诵的同时打开录音机。如果觉得这样做很有把握把课文全部背下来，那就在背诵开始两三秒之后再播放录音机。

训练 2：

限时限量回忆训练。

要求把一定数量记忆材料的内容在一定时间内回忆出来。比如在 1 分钟内回答出一个问题，在 5 分钟内回答出一本材料的要点，在半个小时内背诵出一篇课文等。

第一步，把一定数量的记忆材料内容，按照一定的逻辑顺序整理好，使回忆不至出现混乱，随后计算出回忆这些内容需要的大致时间。

第二步，用默诵或朗诵等方式，在规定时间内回忆材料内容。

第三步，以思维的方式在大脑内回忆，但是要减少回忆所用的时间。

使用这种方法训练要注意以下三点：

第一，如果没有在规定时间完成任务，不要紧张。可以适当休息一下，也可以做一些简单轻松的事情，让自己的心情平静下来，之后再继续训练。一定要注意，为了避免情况变得越来越糟，不能赌气式地坚持训练。此外，在心里面保持对训练的强烈动力，即要理解反应速度训练的意义，这会对训练本身产生良好的影响。要明白，如果我们的回忆速度有所提高，就会节省一些时间，那么就可以用节省下来的时间去做别的事情。同时，回忆速度的提高同时也伴随着学习效率的提高，这样就更有可能取得好成绩。

第二，回忆时间的设置很重要，不能把时间设置得太紧，如果时间太紧，很可能会造成多次都不能完成规定任务的情况，就会产生“这件事很困难”的心理，从而失去信心；但是也不能太松，如果太松，规定的任务能够很轻松地完成，这样的训练就没有任何意义。在训练时，注意力必须高度集中，如果做不到，必须强迫自己集中注意力。一定要明白，如果自己的注意力分散，就会直接影响反应速度，因此必须避免这种情况的发生。

第三，这种训练方法不一定要专门找个时间进行，可以随时随地利用各种时间空隙，比如在车上、路上、吃饭前等，都可以做限时限量回忆训练。这样既能够增强记忆，也可以锻炼自己在不利的情况下集中注意力。

运用一些辅助性的方法，或者对自己进行一些心理暗示，能够有效地加快训练过程。比如把训练过程和自己的长远目标结合起来，这样会使自己更容易对训练产生兴趣，训练也会越来越容易。还可以设定一个奖励或惩罚，比如说训练完成会得到什么好处、完不成会受到什么惩罚等。

提升记忆力的呼吸训练法

调整好自己的呼吸，对于提高记忆力同样有很大的帮助。这主要是因为把自己的呼吸节奏调整到最佳的状态之后，能够消除人的大脑疲劳，使人精神振奋，极大地提高记忆力。因此，人们必须经常进行呼吸节奏的训练，把呼吸节奏调整到最有利于自己的状态。

训练呼吸主要有三种方法：

第一，完全呼吸法。

完全呼吸法也称腹式呼吸法，是一切呼吸法的基础，做法是先深吸一口气，屏住呼吸 1~2 秒钟，然后吐出。这时候你会发现由于深吸气并且屏住呼吸的原因，腹部是深深收缩的。随后把腹部放松，腹部会回到原来的位置，这是由鼻腔自然吸入空气所造成的。当腹部回到原来的位置之后，重新吸气，这时候腹部又会自然收缩。吸气之后依然要屏住呼吸 1~2 秒钟，然后再慢慢呼气。这样反复做几次之后再重新进行正常的呼吸。

第二，风箱式呼吸法。

风箱式呼吸法是消除脑部疲劳最有效的呼吸训练法，由于人们

按照这种方法进行训练的时候，呼吸时会发出强烈的声音，就像拉风箱一样，因此叫作风箱式呼吸法。它的做法是先从鼻孔充分呼气，随

后迅速吸气再快速呼出。要注意，每次呼气的时间是吸气的时间的一半，呼气和吸气的时间总共是1~2秒。由于这种呼吸方法的第一步是先呼气，因此整个呼吸过程是在肺部处于空的状态的时候开始的，人们的力量主要用在吸气上面，而呼气则处于自然的状态。这样的呼吸方法要按照一定的频率进行，先按照这种方法进行10次，随后以静静地吸气、屏住呼吸、缓缓地呼气作为调整，之后在进行短暂的正常呼吸之后，再进行风箱式呼吸法的训练。这样就形成一种循环，开始的时候只要做1~3次就可以，以后随着时间的推移再慢慢增加。

第三，屏息呼吸法。

屏息呼吸法对增进人们的记忆力最有效果。这种呼吸方法要有一定的准备姿势，主要是以任意的姿势坐在地上，右手的食指放在眉毛中间。先将肺部的空气完全吐出，随后用右手的中指按住左边的鼻孔，从右侧的鼻孔吸气。在吸气结束后迅速用右手的拇指堵住右鼻孔，完全屏住自己的呼吸。在到自己承受不住之前，放开按在右鼻孔的大拇指，呼气，然后再吸气，随后屏住呼吸。一段时间后，放开堵住左鼻孔的中指，用左鼻孔呼气然后再吸气，随后屏息。这样反复地循环，屏息的时间就会逐渐延长。吸气、呼气、屏息的时间最好的比例是1∶2∶4，这一点一定要注意。

人们通过呼吸法的训练，不仅能够达到增强记忆力的目的，还会得到其他的一些好处，包括：增强健康程度和对疾病的抵抗力；增强肠胃的消化和吸收能力；能让人变得年轻，防止衰老；提高人们的创造力；改善痢疾、便秘等疾病；增强耐心，使人们做任何事情的时候都会更积极等。

第三章

敏锐的感官，过目不忘的基础条件

强烈刺激会留下深刻记忆

人的记忆是由外界输入到人脑当中的信息构成的。外界信息进入大脑的途径是人们的感官，人们的感官主要有5种，分别是视觉、听觉、嗅觉、味觉、触觉。当然，人们通过感官接收到的信息，必须要进入到大脑之后才会形成记忆，没有大脑，感官自身就没有什么特别的意义。感官只是单纯的途径，光线、震动、气味等物理刺激通过感官之后只会形成神经冲动，这些神经冲动需要在大脑当中进行解释和分析之后才会让我们真正感觉到我们生存的这个世界中所存在的各种形状、颜色、声音和感情等。

感官为什么能够接收到外界的信息呢？人体的内部中心有一个巨大的神经系统，人身体中的各个部位都有这个神经系统的分支结构。正是因为这种分支结构的存在，人们才能通过自己的5种感官来不断捕捉外界的各种信息。

感觉信息进入到大脑中，会在大脑深处进行分析，然后这些信息之间会建立一定的联系，再与其他的信息相比较，最后才会形成记忆。我们的感官并不是什么信息都会接受，基本上都是我们注意到的信息或者是和我们有关系的信息。如果我们的感官什么样的信息都接受，那我们的大脑，早晚都会被环绕在我们周围的各种图像、气味、声音和其他感觉塞满。

虽然人们的各种感官都是相同的，但是因为人与人之间是有差异的，各种感官信息在进入到不同人的大脑之后，会被人们涂上各种不同的色彩，这使得很多人对于同一个事件往往会有不同的解释方法。

通过人们的感官进入到人的大脑当中的信息，不一定都会形成记忆，即便形成记忆也不一定是深刻的记忆，这是因为大脑需要对感官信息进行过滤，选择人们最需要的信息进行记忆，至于一些无意义的信息则会被排除。或许我们不一定能够判断出哪些感官信息最终会形成记忆，但是一般来说，感官经过强烈的刺激之后所储存在大脑当中的信息，一定会形成记忆。比如说我们身体某个部位受了很严重的外伤，这就是我们切身感受到的信息，而且会对我们造成很大的刺激，那这件事我们可能一辈子都忘不了。就像很多人都能对着自己身上留下的疤痕说出是什么原因所造成的，即使已经过去了很多年。

很多重大的事件，虽然已经过去了很长时间，却依然能给人们留下深刻的印象，比如说奥运会开幕、载人航天飞船上天、火山爆发和地震等，现在想了解这些事件发生的时间等信息，可能随便问一个人都能得到正确答案。相信大部分人的身上都发生过这样的现象，这种现象叫作闪光灯记忆，也叫闪光灯效应，是指人们对震撼事件留下深刻记忆的现象。

人的大脑皮层由旧皮层和新皮层组成，旧皮层需要担负维持生命不可或缺的机能作用，比如说睡眠；而新皮层则要担负一些意识活动，比如理性思考等。闪光灯效应的发生是因为有些信息突破了新皮层，到达了旧皮层，与睡眠等人们的生命本能连接在一起，也成为一种人的本能，因此在一般记忆消失之后，这些记忆仍然能留在人的大脑当中。

由于闪光灯记忆能长久保留，因此在现实生活中，一旦有需要我们长期记忆的信息，我们就可以把这些信息和一些震撼人的事件联系起来，这样一些重要的信息我们就能够形成长期记忆。

图像，使用最频繁的视觉记忆

视觉在记忆的过程中扮演着重要的角色。视觉的作用就是观看，观看是人们在日常生活中使用频率最高的一种大脑活动，人们对很多事物的第一印象都是通过用眼睛观察得到的，比如说一朵花很美丽、一座楼很高、一个人长得很好、天是蓝的等，观看主要用到的感觉器官是眼睛。视觉信息是我们在观看一件事物之后所得到的信息，比如事物的形状、颜色等。视觉记忆是大脑按照双重编码的原则处理词语、图案、照片或是真实的事物之后所形成的记忆，它的形成是眼睛和大脑共同作用的结果。

在视觉记忆的形成过程中，眼睛会对外界的光波做出反应，形成视觉信息，并把这些视觉信息翻译成神经信号传递给大脑，大脑则对这些信息进行解释，最后形成颜色、形状、材料、运动方式等记忆。视觉神经是联接眼睛和大脑的纽带，正是它把眼睛看到的信息传递给大脑的，其中眼睛右半部分接收到的信息会被传递给大脑的左半球，眼睛左半部分接收到的信息会被传递给大脑的右半球，这些视觉信息最后会进入到大脑当中的枕叶部分，也就是大脑最后部的视觉皮层，进入视觉皮层的信息会再次变成实际的物体，从而形成记忆。

在日常生活中，视觉记忆最主要表现在人们对于图像的记忆方面，比如说记忆一个人的面孔、记忆建筑物的样子或一个美丽的风景等。这是因为视觉信息都是以图像的方式进入到大脑中的，最后形成记忆时图像又被还原成真实的模样。

在现实中，视觉记忆的应用范围非常广，很多人都需要依靠视觉记忆的帮助才能更好地进行自己的工作，比如说出租车司机，他们就需要用视觉记忆记住自己所在的城市的所有道路，这样才能熟悉线路，保证自己的工作顺利开展。

在现实生活中，有时候视觉传递给我们的信息并不一定是正确的，这是因为有时候我们所知道的和期望的事会对我们产生误导，这种情况被人们叫作视觉错觉。可能每个人都出现过视觉错觉的情况，比如说一辆正在向前飞速行驶的汽车，它的轮子也应该是向前运动着的，但是很多时候我们观察到的情况是感觉轮子在向后转动，这就是一种视觉错觉；再比如，有时候两条同样长度的平行线放在一起，我们可能会觉得一条比另外一条长，这也是一种视觉错觉。很多人可能会觉得出现视觉错觉是一个严重的问题，其实并不是这样，视觉错觉并不

◇ 视觉错觉 ◇

都说“眼见为实”，其实不然，我们的眼睛有时也会欺骗我们，因为几乎每个人都会出现视觉错觉这一现象。

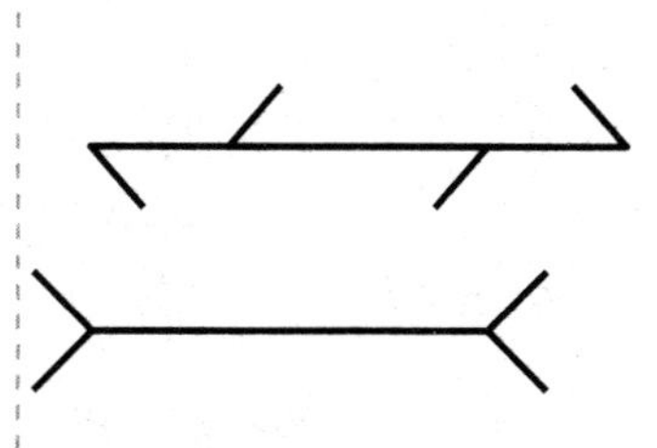

比如说两根一样长的横线，由于它们两端的箭头的方向不同，就会让人形成上面的横线比下面的横线短的错觉。

两根平行的线段被许多成角度的直线截断时，就会让人产生线段的中间是凹陷的视觉错觉。

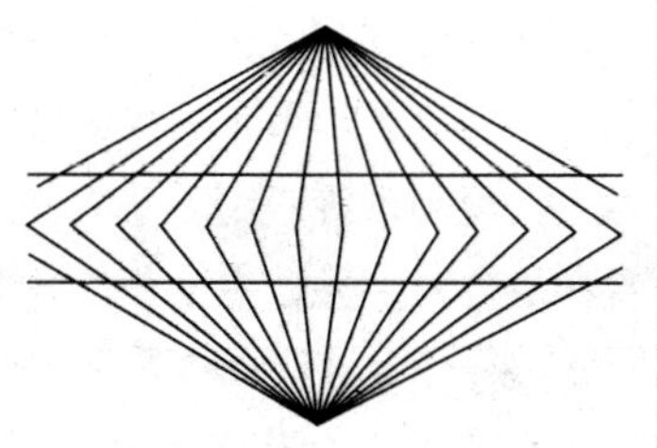

类似这样的视觉错觉现象非常多，所以说我们看到的不一定是真实的，也可能是我们的眼睛“欺骗”了我们，这些都是视觉错觉给我们带来的影响。

是一种病，一方面是因为受到外部环境或者心理状态影响而产生的一些假象；另一方面可能是由于对参照物的选择错误，这种问题只要认真观察就一定能够解决。

视觉出现问题的现象在现实中很常见，基本上都是完全看不见或者是因为某些疾病导致的部分看不见或看不清。但是有一种情况却非常特别，那就是面孔失忆症。在这种情况下，人们的视觉其实并没有出现问题，但是却失去了辨认熟悉面孔的能力。或许人们能够没有任何困难地回想起熟悉的人的所有信息，或者通过声音、走路方式、体态、胡子等某些特征来辨认出熟悉的人，但是在看到熟悉的人的面孔的时候，就是怎么都想不起来。这种情况其实是由于大脑的右半球损伤所造成的，大脑的右半球储存着面部辨认的记忆单位，这个部位受到损伤，导致了记忆单位的丢失，所以才造成了这种罕见的病症。

眼睛训练，脑中的印象更清晰

视觉记忆的重点在于对眼睛的使用上，视觉信息最终能否被大脑记忆和回忆，主要还在于视觉信息能否清晰明确地烙印在人们的潜意识中。视觉信息的来源是人们用眼睛看见的东西，因此，人们想要让视觉信息最终形成深刻的记忆，就必须努力训练自己的眼睛，让眼睛看到的东西更清晰、明确，能在脑海中留下更深刻的印象。

平时人们说的训练眼睛，主要是为了防止眼睛的疲劳而导致的视力下降或者是视力疾病，主要就是用科学的方法去看东西。我们这里所说的训练眼睛是为了让眼睛看到的信息能够给人留下更深刻的印象，重点其实并不是在人的眼睛上，而是在人的注意力上。人们平时看到并且能记忆下来的东西，大多数都是人们看的次数非常多或者是对看到的东西非常感兴趣，也就是人们投入的注意力更多的东西。因此大脑能否唤醒和回忆储存在记忆中的视觉印象，主要在于人们在用眼睛看东西的时候是否投入了足够的注意力。

一位叫乌丹的法国魔术师通过一个简单的办法培养了自己的视觉记忆能力，大大提高了自己的视觉感知能力和记忆能力：他先是观察了巴黎商店橱窗中的物品数量，并且在快速走过时看一眼，随后记住它们。在这个过程中，他只是用眼睛看，而并没有用笔记或者其他的辅助方法记忆。开始的时候，他只能记住几件物品，而随着时间的推移，他能记住的东西越来越多。也就是说在经过训练之后，他的视觉感知能力和记忆物品的能力都得到了提高。当然，在乌丹的训练中有

◇ 训练视觉的游戏 ◇

眼睛是视觉形成的重要器官，训练视觉必定要从训练眼睛开始，其实眼睛和视觉可以用小游戏来训练，有很多这样的游戏：

1. 有一堆扑克牌按照一定的顺序排列，在人们观察一段时间之后，把这堆扑克牌的顺序打乱，要求人们按照原来的顺序重新排列扑克牌。

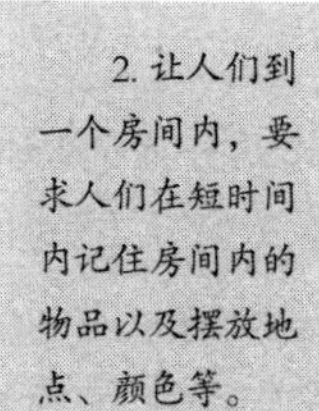

2. 让人们到一个房间内，要求人们在短时间内记住房间内的物品以及摆放地点、颜色等。

这些游戏考察的都是人们的视觉记忆，长期训练也能提高人们的视觉记忆能力。

一个重要原则，他的所有注意力全部都集中在自己要观察的商品上。这说明人们在看物品的时候，只要把注意力和自己的意愿全都集中在自己要看的物品上，努力观察它们普通或者特殊的地方，就一定能在大脑中形成清晰的视觉记忆。

用集中注意力的方式来训练眼睛和视觉感知能力，在现实生活中并不少见。

印度就有一种这样的方法。在训练孩子注意力的游戏中，人们会把一些小的物品拿给孩子看，要求孩子集中注意力观察这些小物品，随后把物品撤走，并要求孩子把自己见到的物品名称写下来。随着孩子看的物品越来越多，孩子们看到并且记忆下来的物品也越来越多。这证明，集中注意力观察物品确实能提高人们的视觉感知和记忆能力。

这种训练方式有一定的原则，人们会发现，可能在最开始训练的时候能记住的东西会非常少，而随着时间的推移，能记住的东西会越来越多，也就是说这是一个循序渐进的过程，必须要长期、持久训练才能够达到提高记忆力的目的。

声音，听觉记忆的来源

听觉记忆就是人们耳朵听到的信息被大脑编码和储存之后形成的记忆。听觉在我们的记忆系统中扮演着重要的作用，对于人们的口头表达和避免情感孤寂，听觉是最重要的感官。有很多动物交流和生存都是依靠听觉来完成的。比如说海豚在水中生存需要听觉，蝙蝠的飞行也是依靠听觉，他们会通过自身发出声波遇到物体反射回来的信息在大脑中形成的图像，来判断外部环境。

听觉信息是以声音的方式传递到大脑当中的。声音是我们对由震动引起的波动效果的感知，也就是说声音是由声波的形式传递到耳朵中的。声波是由各种分子的交替和扩张引起的，包括空气分子、水分子和固体分子等。声波传递到人们的耳朵中形成声音之后进入到人们的大脑当中，大脑对声音进行编码和储存，最后形成听觉记忆。

形成听觉记忆最重要的感官是耳朵，耳朵是由外耳、中耳和内耳组成的。

外耳是耳朵的可见部分，是由耳郭和耳道组成的。耳郭就是我们平时看到的人的耳朵，位于人们头部的两边，它是一块巨大的软组织。耳道是连接外耳和中耳的通道，也是声音行走的通道，它非常短小，其中充满了蜡状物。

中耳是由耳鼓和一个充满空气的，包括锤骨、砧骨和镫骨三块小骨的狭窄的腔组成。锤骨连接着耳鼓和砧骨，砧骨连接着锤骨和镫骨，而镫骨则连接着砧骨和内耳。

内耳是耳朵最重要的组成部分，它包括耳蜗、基底膜和毛细胞的结构。耳蜗是一个蜗牛壳一样的充满流质的结构，它向里连接着基底膜，基底膜往里面则是接收声音的毛细胞。

在声音的传输过程中，因为空气等分子的搅动形成的音波会先被外耳接收，通过耳道传到中耳的耳鼓，使耳鼓发生振动。这种振动会引起中耳中的三块小骨发生振动，随后传入内耳，引发基底膜的振动，促进毛细胞的运动。毛细胞的运动会激起神经细胞活动，神经细胞再通过脉冲信号把声音通过听觉神经传递到大脑中。

在现实生活中，我们的耳朵每时每刻都会接收到许多声音信息，很多时候我们需要记忆的声音信息都会和无用的信息一起进入到我们的耳朵当中，导致我们很难确定声音的来源，这就需要我们判断声音的来源方向，方便我们继续接收有用的声音信息。判断声音信息来源方向的方法主要有三种：一种是时间的差异，先后传入耳朵的声音在声波上的振动程度是不同的；一种是强度差异，强度不同的声音信息的振动幅度也是不同的；还有一种是耳朵被声波冲击时所发生的变形。

听觉和语言有着很密切的关系，这主要是因为声音的关系。我们的听觉接收到的是声音，而用嘴说出的语言也是声音，之所以会这样，是因为我们对声音的意义有广泛的共识。声音信息在经过耳朵传递到大脑当中后，大脑会对声音进行分析和处理，最终使我们能够掌握声音并且发出声音。可以说语言的最初来源就是我们听觉系统接收到的声音。

耳朵训练，提升你的听觉感官

听觉是接收外界信息最高的感觉渠道之一，很多时候一些重要信息都是通过听觉渠道进入到我们的记忆中的，比如说广播中说的一些重要新闻和事件、老师讲的一些小知识等。

很多人都有这样的经历，在和别人谈话的时候，别人说了一些重要的信息，但是在谈话之后却发现这些重要的信息并没有记住，于是就会抱怨自己的耳朵不好使，当时怎么没听清，这也就是说我们听到的信息并没有形成听觉记忆。但是我们不能记住听到的重要信息真的是耳朵出现问题了吗？耳朵不出问题我们就能记住所有听到的信息吗？

每天通过耳朵输入到我们大脑当中的信息是非常多的，虽然不能够全部记住，但是毕竟能记住一部分，这就说明我们的耳朵并没有出现问题。如果是因为耳朵出现问题而记不住信息，那应该是所有的信息都记不住。事实上我们听到的信息和看到的信息是一样的，最终信息都会被输入到大脑当中，由大脑进行记忆。这说明听到的信息最终没有形成记忆并不是耳朵的问题，而是大脑的问题。正如是大脑在看而不是眼睛在看一样，也是大脑在听而不是耳朵在听。所有的声音都到达了耳朵，只不过有一些最终没有在大脑中登记，所以才没有形成记忆。

听觉信息最后能否成为记忆力，起重要作用的仍然是人们的兴趣和注意力。

很多人不能记住他们所听到的内容，根本原因就在于他们没有注意去听。比如说老师讲的一些知识，有些我们能记住，因为这些是我们感兴趣的，或者是我们集中注意力听的；有些则不能记住，是因为我们当时根本就没注意听，或者根本不感兴趣。相信这样的事情大多数人都遇到过。

我们训练耳朵，主要目的是让听觉信息成为记忆。但是科学研究证明，很多听觉信息不能成为记忆是因为我们的大脑听觉感官缺乏训

◇ 听觉与兴趣和注意力有关 ◇

我们的听觉和自身的兴趣以及注意力有极大的关系，如果我们能表现出高度的兴趣和注意力，哪怕是最微弱的声音，我们的大脑也会听到。

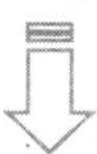

比如说很多人每天都定闹钟，虽然睡觉的时候睡得很深，但是只要闹钟一响，人们就能够听见。

当然，如果是我们不感兴趣和没有注意到的东西，再大的声音大脑也不会听到。

比如上面说到闹钟一响虽然在睡觉也能听见，但是一些其他的声音，比如汽车噪声等却不一定能够听见。

这就是注意力的问题，注意力以外的其他声音并不能够引起人们大脑的关注。

练。因此，为了获得更好的听觉，为了能对听到的声音进行记忆，就必须对大脑中的听觉感官进行练习、训练和培养。

训练耳朵方法其实也很简单，和训练眼睛一样，在听任何信息的时候都要集中自己的注意力，或者是让自己对听到的信息产生兴趣，长期坚持，循序渐进，最终一定能提高大脑中的听觉感官能力。

嗅觉、味觉和触觉记忆

嗅觉是最强的记忆功能，我们能通过一些气味回想起以前的一些事，比如说草莓的味道能让我们想起夏天，一些香味能让我们想起香水或者是妈妈做的饭菜等，大多数人都会对某些气味有特殊的联想。

嗅觉并不能帮助我们建立正确的记忆，也不能帮助我们存储信息，它很难和事实发生联系，只和我们自己的情感有关，它可能帮助人们记忆一些地方，一些让人开心、难过、愤怒的事情。当然，嗅觉记忆也并不是完全没有任何意义，人们可以把一些特殊的气味和一些记忆方式结合在一起，这样对人们的记忆能起到增强的作用。

气味可以称得上是记忆的要塞，因为它保持的时间是相当长久的。我们在长大之后看见了某种东西，比如说香水，我们就一定能够回忆出第一次用这种东西时的气味。

大多数人的嗅觉记忆都是幸福的，它能够唤醒一些人们曾经感到美好的生活事件。比如说一些好闻的气味，能让人想起快乐的假期、大自然、和一些人一起吃饭等。有时候一些难闻的气味也能够和幸福快乐的事件联系在一起，比如说粪坑的臭味可能会让人们想起干农活的快乐时光。这是因为嗅觉信息的处理是由多个大脑区域参与的，导致我们闻到的气味最后会和各种信息结合在一起，形成特有的感情记忆，而不是纯粹的嗅觉记忆。

使我们能闻到气味的器官是鼻子，确切地说是嗅觉上皮细胞，嗅觉上皮细胞上面的纤毛能够和鼻腔中黏液的分子进行反应，形成神经冲动，传递到大脑当中的嗅球上，因此人们才能闻到气味。

大家都知道，包括人在内的很多动物鼻孔都是朝下的，这一方面是因为热的物体散发出的气味是向上的，鼻孔朝下就能轻松捕捉到气味；另一方面是因为能够防止天空中落下的雨水等阻塞鼻腔。

嗅觉和人们的情绪有很大的关系，对于一种气味，我们喜欢就是喜欢，不喜欢就是不喜欢，没有任何道理可言。

和嗅觉关系最密切的是味觉，它们一方面能够防止我们自己毒死自己，另一方面则会吸引我们进食。

味觉来源于对味道敏感的细胞周围的化学物质，也就是味蕾周围的化学物质。溶解的化学物质通过味蕾上的圆形小孔到达味觉细胞，最终形成味觉。味觉细胞有一定的生命周期，并且死亡后无法再生，因此在现实生活中我们需要用各种调料来弥补味觉细胞的损失。

在品尝食物的过程中，虽然我们品尝的主要是食物的味道，但是在其中发挥重要作用的却是嗅觉，嗅觉的反应比味蕾更重要。比如说在我们紧紧捏住自己鼻子的时候，咬一口苹果和咬一口梨并没有差别，我们根本不能分辨出两者味道上的差别。

影响味觉的因素除了嗅觉之外还有食物的温度和质地，比如说米饭，吃凉饭和吃热饭的感觉肯定就是不一样的。味道的偏好也影响着人们的味觉，比如一个人特别不喜欢某种味道，那么这种味道即使是出现在他最喜欢吃的食物上面，他依然不喜欢。有时候经验也能决定味道的好坏，比如说在一些特定的文化当中，某些让人难以下咽的食物就被认为是美味的。

触碰是一种非常重要的感觉。在日常生活中，我们总是习惯用触觉去感受其他的东西，以便于我们更接近我们触碰的东西，并且建立起一种真实的感觉。触觉在人们的生活中有重要的作用。它能够让人们了解某些事物，避开某些对我们有伤害的事情等。

人们要感知触觉主要通过自己的皮肤，触觉感知体系也称为皮肤感知，其中包含着各种各样的接收器，我们身体皮肤触碰到的信息就会通过这些接收器告诉我们。这些接收器之所以能对我们触碰到的信息做出反应，是因为它们包含着一千多万个神经细胞，这些细胞中有丰富的神经末梢并且接近人的皮肤表面。接收器最敏感的部位位于人

的脸部和手部，这可能是因为这两个部位我们平常总是裸露在外面，人的大部分触觉信息都是通过脸部和双手传递的。接收器主要对三种感觉最为敏感，分别是压力、温度和疼痛。

第四章

掌握时间节奏，高效记忆过目不忘

短时间反复强化的及时记忆法

各种记忆规律表明，记忆和时间有着很密切的关系。随着不断地实践和探索，人们在记忆的时间规律方面取得了很大的成果，逐渐寻找到了一些和时间有关的记忆方法。

及时记忆法指的是信息进入到大脑当中，形成短时记忆之后，一直到大脑中所形成的短时记忆被遗忘之前这段时间，要及时对短时记忆系统中的各种信息进行反复强化，增强人们的记忆力和记忆效果的一种方法。

输入到大脑当中的信息，在没有进入长时记忆系统中长期储存的时候，都需要在短时记忆系统中储存，但是短时记忆系统的缺点非常明显，一方面是短时记忆系统的容量小，另一方面是短时记忆系统储存信息的时间短。想要把短时记忆转化成长时记忆，就必须要对储存在短时记忆系统中的信息进行不断重复，这样才能够避免信息的遗忘和消失。

在记忆过程中，遗忘现象是不可避免的，即使记忆材料和信息能够储存到长时记忆系统当中，也仍然无法避免和改变遗忘的规律。唯一能够阻止遗忘发生的办法就是不断地对记忆材料和各种记忆信息进行复习。复习就是对信息进行重新编码，使得各种信息与人们长时记忆系统当中已经储存的信息联系更加紧密，从而加深人们的记忆。这些都充分说明，对信息的重复和强化在人们记忆活动中有重要作用。

对信息的重复和强化，并不是随意进行的，必须要遵循一定的规律，其中最主要的是要遵循遗忘的规律。根据艾宾浩斯曲线的规律，遗忘的规律是先快后慢的。也就是说当人们开始识记某些记忆材料之后，很快就会开始遗忘，并且在最初的时候即识记完记忆材料的一个

◇ 及时对记忆进行重复和强化的原因 ◇

对记忆的及时重复和强化非常重要，这是因为：

1. 及时进行复习能够使所有记忆在被遗忘之前得到强化，避免人们遗忘。

2. 而隔一段时间之后进行复习会因为一些记忆已经被遗忘，导致人们重复的过程变成重新记忆的过程，相当于新的信息重新进入到大脑中，遗忘依然会发生。

3. 随着时间的推移，人们遗忘的记忆会越来越多，这会导致间隔的时间越长，人们需要重复的记忆也就越来越多，大脑的负担会越来越大，这样会大大降低重复的效果。所以，重复和强化记忆必须坚持及时的原则。

小时之内遗忘的速度是最快的，遗忘的记忆材料信息也非常多。因此，想要避免最初识记材料的迅速遗忘，就必须在对材料进行识记之后，及时进行重复和强化。

及时对记忆进行重复，需要有计划地进行，盲目地重复会让记忆变得很糟糕。对于复杂的信息，更要及时、多次进行重复，避免因为重复的不够及时或者次数少而造成信息记忆的不完整；对一些容易记忆的信息，重复的时间可以稍稍延后一些，但是时间一定不能太长；对信息进行重复的时候，要有计划地加深自身对于信息的理解，尽量不要单纯重复信息。

虽然人们应该及时对记忆进行重复，避免发生遗忘现象，但是这里所说的“及时”并没有一个具体和固定的时间，而是要根据个人的记忆习惯、学习特点和记忆材料的性质来决定。一些记忆力和记忆能力不是很好的人，就应该在识记材料之后尽快重复；而如果记忆力和记忆能力都比较强大的人，则可以稍稍延后一段时间再进行复习。如果记忆材料非常复杂，并且不利于人们记忆，则必须在识记材料之后尽快进行重复，间隔的时间不能过长。如果记忆材料并不复杂，人们记忆起来也很简单，则对记忆进行重复的间隔时间可以稍稍长一些。当然，这里所说的尽快复习或者是间隔的时间稍长，都是包含在“及时”这个时间段之内的。现代科学实验研究证明，人们在识记记忆材料之后的一两天之内，是人们遗忘最快的时段，因此，当人们记忆某些材料之后，一定要在这一两天之内进行重复，这样人们就有足够的时间对遗忘进行制止和控制。

对记忆的及时重复也有一些不尽如人意的地方，就是可能会造成短时间内大量相同种类的信息进入到大脑中，如果是人们不是很感兴趣的信息，就会造成人们大脑的疲劳，依然会对记忆效果产生一定的影响。因此，对记忆的及时重复很重要，但是重复的次数也很重要，次数少了起不到效果，过多又会造成大脑疲劳。所以必须根据自身的实际情况在最恰当的时间里对信息重复最合适的次数。

分散、集中的记忆方法

大多数人在记忆信息时，通常都会选择两种方法，一种是分散记忆法；一种是集中记忆法。

分散记忆法指的是人们在识记材料的时候，插入几段间隔的时间进行休息，使整个记忆过程分成几个不同的时间段进行，直到把所有应该记忆的信息全部记熟练为止。简单一点说就是记忆一段信息，休息一段时间，再记忆一段信息，再休息一段时间，以此类推，一直到把所有应该记忆的材料全部记住。

集中记忆法指的是人们在识记材料的过程中，不进行任何休息，一直进行不间断地反复记忆，直到把应该记忆的材料全部记忆熟练之后才进行休息。

从使用方式上来看，似乎两种方法各有各的好处：分散记忆法可以让人们在记忆过程中得到足够的休息，能够避免因为识记材料过多而造成的大脑疲劳；集中记忆法则可以让人们在短时间内集中所有的精力进行记忆，避免因为精力分散和分心导致记忆效果的减弱。但是，这两种方法也并不都是非常完美：在使用分散记忆法的时候，虽然因为有休息时间而避免了大脑的过度疲劳，但是如果出现记忆时间和休息时间的选择不正确等情况，必然会导致记忆效果的减弱，比如说记忆时间长而休息时间比较短，会造成大脑在短时间内的疲劳，相反，则可能会因为记忆间隔的时间过长而导致已经记忆的信息的遗忘；在使用集中记忆法的时候，虽然在短时间内集中自己所有的精力，避免因为分心和精力分散而影响记忆效果，但是一旦记忆材料过多或过于复杂，集中记忆就会在短时间内造成人们大脑的压力和负担增大，严重影响人们对信息的记忆效果。

分散记忆法和集中记忆法各有各的优点和缺点，并且两种方法的优点和缺点，差别都不是很大。很多心理学实验的研究表明，运用分散记忆法记忆信息要比运用集中记忆法记忆信息的效果好。

当然，这是有一定原因的。

第一，分散记忆法有助于保持人们对材料和信息的兴趣，避免因为同种材料不停地单调刺激，造成大脑皮层的保护性抑制。同一种类的信息集中输入到人们的大脑中，必然会造成大脑的疲劳，即使是感兴趣的信息，同样也会让人们产生一种厌烦心理，不利于人们对信息

的记忆。如果信息间隔一段时间被记忆，就不会出现这种情况。另外，各种信息进入到大脑中，对大脑产生的刺激是不同的，这种不同的刺激有助于大脑对信息的记忆。一旦同种单调的刺激不断刺激人们的大脑，就会使大脑自动产生一种保护性的抑制，这样就可能会使大量信息无法输入到大脑中，也不会形成记忆。

第二，记忆活动需要大脑神经细胞的参与，但是大脑神经细胞不是机器，也会产生疲劳感，也需要休息，而分散记忆法能够让大脑神经细胞得到充分的休息。从人体的生理机制来看，在一段时间内反复记忆同一种类的材料，会使大脑皮层某个区域内的神经细胞产生抑制的积累，造成信息不能被巩固，相互之间也无法产生联系，使得记忆效率变得很低。而分散记忆法则可以消除这种抑制，保持大脑神经细胞的活跃和兴奋。

第三，分散记忆法更有利于记忆的巩固。使用分散记忆法能够对人们记忆的信息，及时进行整理和复习，能够大大提高人们的记忆效率。而集中记忆法则因为信息的集中记忆，导致了很多信息没有时间进行重复，严重影响记忆效果。

虽然使用分散记忆法进行记忆活动得到的记忆效果，比使用集中记忆法好，但这并不意味着集中记忆法应该被完全放弃。实际上，有些时候使用集中记忆法，要比使用分散记忆法得到的记忆效果好，比如说学习能力和记忆能力比较强的人使用集中记忆法会好一些，对有意义的材料和需要精心思考的记忆材料，使用集中记忆法也会好一些。所以人们应该根据记忆材料的实际情况，来决定到底是选择分散记忆法，还是选择集中记忆法，以此让记忆效果达到最佳的状态。

形成记忆反射，使用循环记忆法

循环记忆法指的是人们在记忆单个和零散的记忆材料时，可以想办法进行排列和组合，将其分成若干个部分，然后对这些材料进行有计划的循环复习，以此达到记忆单个和零散的信息，从而提高人们记忆力和记忆效果的办法。

循环记忆法主要是建立在条件反射这种生理基础上，在已经建立的条件反射消退之前，及时进行复习和不断重复强化，能够让条件反射更加巩固。

艾宾浩斯曲线的规律表明，在记忆活动开始的时候，遗忘就随之开始了。为了控制和制止遗忘现象，就必须及时对信息进行复习，而循环记忆法就是根据记忆的遗忘规律和心理学原理制定的一种科学安排复习时间的记忆方法。使用循环记忆法能够让记忆活动变得更有效率，事半功倍。

一般来说，越是系统化的信息，越容易被人们记忆，因为这样的信息相互之间的联系非常紧密，人们能够用更多的方法和策略去记忆。而单个和零散的信息却会给记忆活动带来一定的困难，这种信息之间的联系相对不密切，也不够系统化，使得人们只能用有限的方法去记忆，比如采用死记硬背的方法。同时，因为信息之间的联系很少，信息的顺序又混乱，使得人们对信息复习时的时间很不好把握，很容易影响到记忆效果，而循环记忆法恰好能解决这样的问题。循环记忆法最关键的一点，就是会将单个和零散的记忆材料，按照一定的程序和规律进行排列和组合，并且会帮助人们找到最佳的记忆时间段，使得单个和零散的记忆信息都能够得到及时复习，大大提高人们的记忆效率。

使用循环记忆法对信息进行分组时，也并不是随意划分的，必须根据每个人自身的实际情况进行划分。一般来说，人们的短时记忆最多只有 7 个组块的容量，所以在对信息进行分组的时候，原则上是每个组的信息容量都不能超过 7 个，如果信息容量多了不利于人们记忆。另外，由于记忆材料的性质和复杂程度等因素都不同，导致各种记忆材料的记忆难度也不同：对于相对容易记忆的材料，在分组时可以把每个组的材料数量适当进行一些增加；对于有一定难度的记忆材料，在分组的时候也可以把每个组的记忆材料数量减少一些。

循环记忆法主要有两种形式：

第一种形式是把人们需要记忆的材料分为 16 组，用第一组一直到第十六组记忆材料来表示，然后按照以下的步骤进行记忆。

第一步是识记第一组记忆材料；

第二步是识记第二组记忆材料；

第三步是复习第一组和第二组记忆材料；

第四步是识记第三组记忆材料；

第五步是识记第四组记忆材料；

第六步是复习第三组和第四组记忆材料；

第七步是整体复习第一组到第四组的记忆材料；

第八步是识记第五组记忆材料；

第九步是识记第六组记忆材料；

第十步是复习第五组和第六组记忆材料；

第十一步是识记第七组记忆材料；

第十二步是识记第八组记忆材料；

第十三步是复习第七组和第八组记忆材料；

第十四步是整体复习第五组到第八组的记忆材料；

第十五步是把第一组到第八组的记忆材料全部复习一遍；

接下来的步骤是按照上面的步骤和方法去记忆第九组到第十六组记忆材料；

最后一步是将第一组到第十六组的记忆材料全部复习一遍。

第二种形式是把记忆材料分成 8 个部分，分别用第一组到第八组记忆材料来表示，随后按照下面的步骤进行记忆。

第一步是识记第一组记忆材料；

第二步是识记第二组记忆材料；

第三步是复习第一组和第二组记忆材料；

第四步是识记第三组记忆材料；

第五步是复习第二组和第三组记忆材料；

第六步是识记第四组记忆材料；

第七步是复习第三组和第四组记忆材料；

第八步是识记第五组记忆材料；

第九步是复习第四组和第五组记忆材料；

第十步是识记第六组记忆材料；

第十一步是复习第五组和第六组记忆材料；

第十二步是识记第七组记忆材料；

第十三步是复习第六组和第七组记忆材料；

第十四步是识记第八组记忆材料；

第十五步是复习第七组和第八组记忆材料；

第十六步是复习全部第一组到第八组记忆材料。

当然，第二种形式的最后一步并不是固定不变的，如果觉得一次性复习所有记忆材料有困难，那就可以选择一次只复习四组到五组记忆材料，这样分两次进行复习；如果觉得自己有能力，那么就一次性全部复习。总之要根据个人的实际情况进行选择。

这两种形式只是在一般的情况下应该遵守的形式。但是由于各个记忆材料之间记忆难度的不同，人们也可以根据记忆材料的实际情况，对两种形式中的各个步骤进行适当的调整。比如说可以把特别简单和特别复杂的记忆材料全部标注出来，在复习的时候，那些特别简单的记忆材料就不需要再进行复习，然后把剩下的记忆材料重新进行分组循环；如果碰到非常难记忆的材料，也可以单独拿出来进行循环，重点进行记忆，这一点可以体现在循环次数的增加上。

大多数时候，循环记忆法需要和分散记忆法结合在一起共同使用。循环记忆法解决的主要是短时记忆的问题，但是人们的记忆活动，主要是为了让各种信息变成长时记忆，因此必须对各种记忆信息进行有规律地复习。虽然循环记忆法的记忆效果不错，但是却不能够连续不断地运行，否则会影响记忆效果，严重的情况也会对人们的身体健康造成影响，因此人们两次使用循环记忆法之间，大脑必须得到适当和足够的休息，这样循环记忆法就和分散记忆法结合到了一起。这种结合实际上就是主体采用分散记忆法，但是在每段时间的记忆中采用循环记忆法，这样才能发挥出循环记忆法的最大优势，增强记忆效果。

循环记忆法也存在一定的缺点，那就是记忆方法上的机械性。因为循环记忆法通常是针对单个的信息和零散的信息，因此不能用联想和联系的方式，只能够用机械的、死记硬背的方式进行记忆。但是，这种方法的记忆是最没有效率的，因为人们可能并没有真正理解信

◇ 循环记忆法的缺点 ◇

虽然循环记忆法可以帮助人们记住一些比较分散的、没有规律的信息，但是这一方法也存在一定的缺陷：

1. 信息在短时间内不断被重复，这就要求人们在使用循环记忆法时，必须要花费很大的精力，同时人们也必须在一段时间内集中自己的所有精力。

2. 循环记忆法是一种突击性的记忆法，一旦精力不集中，或者是记忆之后不进行复习，也不使用，信息就会很快被遗忘，因此，循环记忆法所记忆的信息应该用更多的时间复习。

3. 循环记忆法虽然也能够帮助人们提高记忆力和记忆效果，但是它的缺点同样明显，因此人们在使用循环记忆法时一定要进行慎重地选择，避免因为对循环记忆法的胡乱使用而对记忆效果造成不好的影响。

息，只是因为重复的次数多才导致了信息在大脑中储存的时间较长，这样会造成两种后果：第一是信息不能够长期保持在大脑中，回忆的难度很大；第二是可能造成短时间内输入到大脑当中的信息过多，从而使记忆的强度和难度都变得非常大，不能长期和连续地使用。

严格限定时间，让你快速记忆的方法

“限时”指的就是人们必须在一定时间内完成一定的事情，比如工作单位会规定一个员工每个月必须完成多少数量的工作任务，老师会给学生规定每天必须完成多少数量的作业，人们自己也会给自己规定一些什么事情今天必须做，或什么事情必须在明天之前做完等。在各种不同的记忆方法当中，有一种方法同样是要求人们必须在规定时间内进行的，那就是限时记忆法。

限时记忆法实际操作起来很简单：第一步，制订一个计划，其中需要规定要记忆的信息，并且要限定记忆这些信息的时间；第二步，根据已经制订好的计划，在规定时间内集中自己的所有精力和注意力进行记忆，一直到把信息全部记忆熟练为止。比如老师给学生规定，在一节课当中必须记住新学的 5 个英语单词，然后学生按照老师的要求在一节课上不干别的事情，专门记忆这 5 个新学的英语单词，并且把这 5 个英语单词全部记忆熟练；再比如一个人给自己规定一天时间必须要背诵出一篇文章，然后这个人在这一天中就专门去背诵这篇文章，一直到能背下来为止。

从实际情况来看，限时记忆法确实能够使人们的记忆力和记忆效率得到一定程度的提高，这是因为限时记忆法由于在时间上做出了明确的限定，会导致人们的内心产生一种紧迫感，促使大脑保持高度的兴奋状态，大脑内部的各种神经细胞也会变得异常活跃，有助于记忆效率的提高。同时它还会促使人们产生“我必须在规定时间记住这些信息，不能够把事情拖到以后”这样的想法，让人们在思想上有足够的理由和动力去对信息进行记忆。

在人们使用限时记忆法记忆信息的时候，还存在一个隐性的要求，如果人们能够达到这个要求，使用限时记忆法记忆信息的效果会更好，那就是人们应该有足够的信心和毅力。自信心一定要强，就是指人们应该坚信自己能够在限定时间内记住规定的信息。自信心对记忆有一定的影响，当人们有足够的自信心时，会更容易接受被记忆的信息，记忆也就更有效率；而当人们没有足够的自信心时，就会对新的信息产生一种本能的排斥，这样就会严重影响记忆效率。另外，有耐心也很重要，限时记忆法毕竟是要求人们在限定时间内记忆规定数量的信息，也就是说人们可能需要在一定时间段内不断重复一些信息，很容易导致人们大脑的疲劳，如果没有足够的耐力和毅力坚持下去，同样不会取得好的记忆效果。

一般来说，人们在必须使用限时记忆法的时候，都是因为有一些附加性条件的影响。这种附加性的条件主要包括两种，一种是强迫性的，一种是报酬性的。强迫性的条件也包括两个方面：一方面是指人们会选择使用限时记忆法，是因为受到了别人的规定，要求人们必须要在规定的时间记住规定数量的信息；另一方面是指人们如果不在限定时间内记忆规定数量的信息，就可能会受到某些很严重的惩罚，并且这种惩罚基本上都是人们一时之间没办法承受的，因此导致了人们必须要用限时记忆法。当然，这两种情况也可能会同时发生，比如说老师规定学生放学回家必须把今天学习的课文背诵下来，否则就去找家长，这种情况就会逼得学生使用限时记忆法。报酬性的条件则是指如果人们能够在规定的时间内记忆规定数量的信息，那么就会得到足够多的报酬或者奖励，并且这些报酬和奖励足够人们开心很长一段时间，这种情况下也会促使人们选择限时记忆法记忆信息。实际上这种情况的出现并不是偶然现象，一般来说，人们在一定时间内能够记忆的信息数量是有限的，因为每个人的大脑都具有一定的惰性。但是一旦碰到报酬性或者强迫性的条件，大脑就会暂时消除惰性，迅速运作起来，各个部分机能也会全部集中精力，通力合作，使人们真正能够全身心地投入到信息的记忆活动中来。

限时记忆法由于费时少、见效快、记忆效率高，因此成为一种非常好的记忆方法，特别适合对内容较少、零散和个别信息的记忆，同时对复习以前记忆的信息也能起到很好的效果。但是在人们使用限时记忆法时，必须要注意限定的时间是否合理，只有限定时间合理的情况下才会突出限时记忆法的优势，如果限定的时间不合理，比如太长或太短，不仅可能无法让人们记住规定的信息，还会造成人们怀疑自己的能力并且导致自信心的下降的后果，严重影响记忆力和记忆效率。

◇ 使用限时记忆法的好处 ◇

使用限时记忆法对信息进行记忆，不仅能够提高人们的记忆效率，同时也会产生一些其他方面的好处。

1. 能够提高时间的利用率

限时记忆法强调的是在一定时间内对信息的记忆，而且必须是熟练地记忆，让人们在短时间内记忆信息的数量得到了提高，充分提高了人们对时间的利用效率。

2. 能够调动人们的积极性

要在短时间内记住，就必须在人们的心态非常积极的情况下才可以。这样人们会充分发挥自己的记忆能力，客观上调动记忆的积极性。

3. 能够增强人们的自信心

如果人们能够在一定时间内记忆熟练一定数量的信息，当人们检查记忆成果的时候，也会受到一定的鼓舞，这就从客观上增加了人们的自信心。

第五章

观察与编码，重要信息过目不忘

利用细节记忆的方法

细节观察法是指有意识地抓住或认准事物的某些细节，并且积极地进行观察，从而达到记忆某些事物的目的。一般来说，细节观察得越具体、越细致，人们对事物的记忆就越深刻。

有些时候，人们虽然仔细观察过一些事物，却仍然记不住，这是因为人们对它完全没有兴趣。事物是否能储存到人的大脑中，最关键的一点是人们是否对它感兴趣。事实上，使用细节观察法的前提，就是人们对事物有一定的兴趣。那么为什么人们对感兴趣的事物进行仔细观察后，就能够把这件事物储存到自己的记忆中呢？

第一，仔细观察能让人们对事物的认识和理解更深刻。人们对一件事物理解越深刻，记忆就越清晰，就像学生学习各种知识一样，对知识理解越透彻，记忆就越深刻，运用的时候也会越轻松。人们观察事物的过程，实际上就是一个对事物进行认知和理解的过程，这个过程越仔细，能观察到的东西就越多，能找出来的信息也就越多，对事物的理解就会越深刻。就像看电视中的警察处理各种案件一样，为什么警察要无数次地勘察案发现场，就是为了能够找到对破获案件有帮助的各种信息，很多时候案件的告破，都是因为警察在无数次的观察案发现场发现了有用的信息之后，才找到真正的罪犯。

另外，人们经过仔细观察，理解了一些信息之后，就能够用自己的语言把信息描述出来，这同样有助于人们记忆信息。比如某些物品的使用说明书会做得非常仔细，各种各样的步骤全部集中在一起，但是有时候这种仔细使人们在阅读的时候会感到非常乏味，不能引起人

◇ 仔细观察有助于记忆 ◇

大多数人都应该有这样的体会，自己仔细观察过的事物，记忆会很深刻；相反，走马观花看过的事物，则很难清晰地记忆。

就像是记一辆汽车，如果它停放着让人们仔细看，那汽车的各个方面肯定都能被记住。

如果是汽车从人们的身边飞速行驶过去，只来得及看一眼，那人们除了能够记住汽车行驶起来很快之外，其他的一定都记不住。

当然，也并不是说所有人们仔细观察过的事物，都能够储存到人们的记忆中；但是不可否认，仔细观察的确更容易记住事物，可见，观察对于记忆有积极的作用。

们的兴趣，甚至有时候会达到人们无法弄清楚的地步。这时候人们就可以通过仔细观察，找到每个步骤的核心内容或先后次序，把这些东西用自己的语言表述出来。人们对于自己语言的理解一定是非常透彻的，这样人们就会对整个说明书中重要的内容记忆深刻，长时间都不会忘记。

第二，观察事物的过程，本身就是一个对和事物有关的信息进行编码的过程。编码是各种信息转变成记忆的第一步，人们在观察事物的时候，会得到各种各样的信息，这些信息输入到大脑中后会自动进行编码，并且储存到记忆系统中，最后形成记忆。

第三，仔细观察有助于把事物的信息，与人们已有的记忆进行联系，帮助人们记忆。把事物或信息和已有的记忆进行联系，是人们记忆的一个重要方式。人们有意识地观察某种事物需要用到的人体器官主要是眼睛，但是在人们观察事物的过程中，并不是只有眼睛在运动，大脑同样也在进行着各种活动。人们观察事物时所得到的信息，会通过眼睛传输到人们的大脑中，大脑会自动把这些信息和已有的记忆进行联系。观察越仔细，观察时间越长，得到的信息就越多，和大脑中已有记忆的联系也就越多，人们的记忆就越深刻。比如说人们观察一件古代的艺术品，在观察的同时，可以把大脑中已知的艺术品的年代、作者、材料等和其紧密地联系起来，这样人们对这件艺术品的印象一定非常深刻。

细节观察法在现实生活中的应用非常广泛，人们能用它记忆的事物有很多，包括教别人使用某些东西、记忆在商店中看到的某种物品、记忆新认识的朋友、某种物品的介绍、和别人讨论某种物品等。

使用辅助工具，提升记忆效果

外部暗示法是指当人们不能回忆起来某些事情时，可以通过外部一些辅助工具的帮助，或者是外部环境的改变，把不能回忆起来的事情回忆起来；另外，人们在进行记忆活动时，不一定把所有的信息全部都记忆到大脑当中，有些信息可以通过外部的辅助工具来帮助人们记忆。

在日常生活中，最常用的辅助工具是笔记本、日常表和备忘录等，人们会把自己需要记忆的一些信息记录在里面，在需要的时候看一下，这就能够帮助人们记住或回忆起这些信息。比如一些工作非

◇ 使用外部辅助工具记忆的原因 ◇

外部环境和一些辅助工具的帮助，对人们进行记忆活动有很大的帮助。那么，为什么要使用外部辅助工具记忆呢？

1. 在日常生活中，很多信息非常重要，需要人们仔细记忆。但是人们的大脑容量是有限的，同时接收很多重要的信息，不可能全部记住，如果把所有信息全都用大脑去记忆，很容易会造成大脑的疲劳。

2. 人们每天虽然看似有很多时间，却并不能把所有的时间全部拿出来进行记忆活动，因为大脑也需要休息和补充营养。因此需要一些外部辅助手段，来帮助人们进行记忆活动。

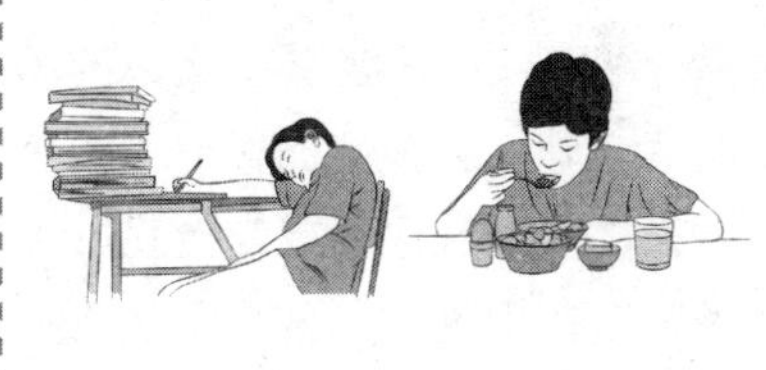

事实上，大多数人都会用到外部辅助工具，来帮助自己记忆和提示自己回忆。

常忙碌的人，他们会把每天要做的事情都记录下来，随时地翻看一下，这样就不用再花费时间去记这些事，让自己的大脑去思考其他的事情。

随着科技的发展，电脑、录音笔等高科技产品，逐渐成为辅助人们记忆的主要工具。比如说我们在参加会议或者是对别人进行采访时，会在短时间内得到大量有用的信息，但是这些信息我们的大脑却不能全部都记住，这时候就可以用录音笔把别人说的话全部都录下来，等到采访结束之后再进行整理，避免一些重要信息被遗忘。

辅助工具对人们的记忆活动有很大的帮助。但是这并不能说明辅助工具起到的全是正面作用，有时候辅助工具也会起到一些负面的作用。

人们在进行记忆活动的时候，不仅能够记住各种信息，还能够充分利用和开发大脑的记忆能力。大脑记忆能力的充分开发，对人们进行各种社会活动，会产生积极的影响。但是如果记忆任何信息都要用到外部辅助工具的帮助，那就会阻碍大脑的思维训练，从而阻碍大脑记忆能力的开发，使人们产生一种懒惰的心理和情绪，对人们进行各种社会活动产生消极的影响。同时对于外部辅助工具的过分依赖，也容易对个人的独立性产生不利的影响。

外部环境的改变，同样能提醒人们记住某件事情。人们对于自身所生活的外部环境都是非常熟悉的，一旦这个环境中的某一点发生了变化，就会对人们起到一种暗示的作用，提示人们应该去做某些事情了。这种改变其实并不需要多么大的场面，有时候只是一点点微小的改变就能够起到一种很好的提醒作用。比如人们上班需要带上某些东西，就可以提前把东西拿出来放在一个显眼的地方；再比如想要洗衣服，就可以提前把脏衣服放到洗衣机附近，这样就能够提示人们该洗衣服了。

这种通过改变环境的方式来提示人们记忆的方法，任何人都可以使用，但是由于人与人之间的习惯、生活方式等的不同，不同的人记忆同一件事情对环境的改变方式可能是不同的，比如说提示第二天上班要带某样东西，有些人可能会把它放在客厅的茶几上，有些人可能会把它放在门口，还有些人可能会把它和自己的包包放在一起，虽然改变的方式不同，但是都能够对人们起到提醒的作用。这也就是说每个人在使用这种方法的时候，都要按照自己平时的习惯去改变外部环境，不要因为别人的方法比较好就去模仿别人，否则的话很可能环境被改变了，却没有起到提示的作用。

使用改变外部环境来提示人们记忆的方法时，还有一条重要的原则，就是不能拖延，这一点至关重要。只要一想到以后要做的事情，一定要在第一时间选择出正确的提示方式，不然的话很可能在一段时间之后就忘记了自己需要做的事情。

朗朗上口的韵律记忆法

在进行记忆活动的过程中，我们经常会碰到一些非常零散的记忆材料。这些材料之间并没有内在的联系，不能运用一般的记忆方法去记忆，因此记忆起来非常困难。在这种情况下，我们就可以采用韵律记忆法，即通过押韵或者谐音的方式，把这些记忆材料变成一些有一定节奏或者有韵律的语句进行记忆。

语言记忆在我们的记忆中占有很大的一部分，语言的物质外壳是语音，因此，语音与我们的记忆存在着非常密切的关系。所以，在碰到那些没有逻辑关系，没有有机意义联系的材料时，我们就可以充分利用语音和记忆的密切关系，找到材料本身的性质和特点，通过谐音和韵律等方式，把记忆材料编成有意义或者念起来十分顺口的口诀，从而提高记忆效率。实践证明，一些有节奏或者押韵的句子，确实更容易记忆。比如说唐诗为什么读起来朗朗上口，并且在背诵的时候感觉很容易，这并不全是因为它句子少、篇幅短，还有一个重要的原因就是唐诗基本上都是押韵的，通过这些韵律总是很容易让人想起诗中的句子。

在使用韵律记忆法时，主要有两种方式，分别是谐音记忆法和口诀记忆法。

在现代汉语中，读音相同或者相近的字和词语，比如说“du”这个音，可以是“读”“毒”“独”，也可以是“度”“赌”“督”，再比如说“xiangjin”这个音，可以是“相近”，也可以是“想尽”，还可以是“详尽”“镶金”等。在这种情况下，我们就可以通过谐音，用那些声音相近的词语来代替被记忆的材料，使材料变得简便，或者产生某种意义，从而强化记忆效果，提高记忆效率。

谐音记忆法使人们的记忆变得容易，在进行记忆活动时会起到事半功倍的效果。但是，它也存在着一定的局限性。一方面是它只适用于那些简短的、没有意义的材料，应用范围非常有限，不能在任何情况下都生搬硬套；另一方面是谐音的运用要求比较高，必须非常合适才可以，否则很容易导致会事与愿违的情况发生，甚至弄巧成拙，反而使记忆活动变得更加困难。

口诀记忆法就是指通过把难以记忆的材料编成口诀的方式，使材料变得有意义或者朗朗上口，从而提高人们的记忆效率，提高记忆效果。这种方法主要适用于那些本身没有意义和联系，也没有正常逻辑关系的材料。

实际上，在现实生活中，我们经常会碰到各种各样的口诀，比如说乘法口诀、珠算口诀等，甚至在看电视的时候，也经常会看到某个武林高手练功用的也是口诀。只要我们仔细想一下就会发现，这些口诀的作用就是让我们在记忆某些信息和材料的时候更加方便和简便。

在使用口诀记忆法进行记忆时，最重要的一点并不是背诵口诀，而是编制口诀。在编制口诀的时候，必须要符合几点要求：第一，口诀必须能让记忆材料变得非常简单；第二，口诀要有一定的韵律，最好读起来能够朗朗上口；第三，口诀应该是适合自己的，这一点非常重要，如果是一个不适合自己的口诀，就不会对记忆活动有帮助。所以，在编制口诀的过程中，不能够随随便便想起来一句话就当作口诀，一定要按照一定的方法去做。人们在长期的实践过程中，总结出了多种编制口诀的方法，包括简缩法、罗列法、概括法等。

简缩法就是把记忆材料中各个单独的材料进行缩短和简化，随后把简化后的内容连接起来，最终变成适合我们记忆的口诀。比如我们中国农历的二十四个节气分别是立春、雨水、惊蛰、春分、清明、谷雨、立夏、小满、芒种、夏至、小暑、大暑、立秋、处暑、白露、秋分、寒露、霜降、立冬、小雪、大雪、冬至、小寒、大寒。使用简缩法后得到的口诀就是：春雨惊春清谷天，夏满芒夏暑相连，秋处露秋寒霜降，冬雪雪冬小大寒。这个口诀朗朗上口，诵读几遍之后就能够记住。

罗列法适合于记忆多项同类和同一层次的知识，是指按照需要把记忆材料归纳并列，变成口诀的方法。比如说现代汉语修辞格就是用这种方法编制的。“比喻借代比拟，夸张双关反语，设问反问反复，对照对偶排比”，这个口诀包括了所有需要记忆的内容，又朗朗上口，方便记忆。

概括法是指从材料有意义的方面提取出精华的部分编制成口诀。比如想要记忆中国古代的各个朝代，就可以通过提取概括的方式，编制成口诀进行记忆。比如编成：“夏商与西周，东周分两段；春秋和战国，一统秦两汉；三国魏蜀吴，两晋前后延；南北朝并立，隋唐五代传；宋元明清后，王朝至此完。”

当然，还有其他的一些编制口诀的方法，比如对比法、特征法、联想法等，这些方法全部都需要人们根据实际情况进行选择。如果条件允许，也可以把多种方法结合起来运用。总之只要能够编制出合适的口诀，就不必过于拘泥于各种方法。

口诀记忆法还有一个用处，那就是用来记忆多音字。很多字的读音有多种，在这种情况下，我们就可以编制出口诀来记住某个汉字的所有读音。比如说“单”这个字，我们就可以编成：“单（shàn）大侠，不简单（dān），抗击单（chán）于保江山。”再比如说“累”这个字，就可以编成“常年劳累（lèi），疲劳积累（lěi），一旦生病，便成累（léi）赘”。

运用口诀记忆法进行记忆确实比较简单，但是它并不是完美的，在具体使用时也有一定的局限性。第一，必须根据具体的情况来决定是否需要使用口诀记忆法，如果材料不常用或者不复杂，就不需要再花费时间和精力去编口诀；第二，口诀必须要忠于记忆材料，要精练准确，简洁明了；第三，在口诀的韵律上不能牵强附会，否则就会对我们的记忆造成一定的困难；第四，口诀最好是自己编写，这样才能够让口诀在大脑中留下的印象更深刻，同时也更加适合自己，当然，

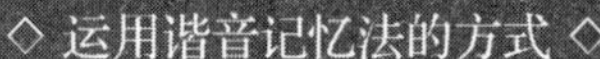

在运用谐音记忆法时，主要有两种方式。

1. 在记忆汉字时，用谐音的汉字代替。这种情况一般适用于按照一定顺序记忆某些汉字的情况。

2. 在记忆某些数字时，把数字变成一些有意义、有内容的汉字或语句。实际上这种方式我们经常用到。比如 02 用汉字表示可以是“栋梁”，36 用汉字表示可以是“山路”。

这样利用谐音稍做改变，无论是记忆汉字还是数字就都变得十分简单了，可见这一方法对于记忆的重要作用。

这一点不是必然的要求，如果已经有成熟和简单的口诀，我们也可以拿过来用，只要能保证自己理解，达到最佳记忆效果就可以。

总之，使用韵律记忆法，能够大大减轻我们的记忆负担，同时记忆效果显著提高。

善用多种感官，协同记忆

多通道协同记忆就是在识记信息时，通过视觉、听觉、嗅觉、味觉、触觉等多种感观分析器的协同作用，增强记忆力的一种方法。实际上，这种方法就是把眼睛看到的、耳朵听到的、嘴里念出来的、手上写的、大脑思考的以及身体各个部位感受到的信息相互联系，结合起来共同进行记忆。

外界信息输入到大脑当中的渠道有很多，包括视觉、听觉、嗅觉、味觉、触觉等。无论是通过哪种渠道输入到大脑中的信息，都有可能会成为记忆。这说明，把信息输入到大脑当中，是成为记忆的先决条件。但是很多信息是复杂的，这样的信息在输入到大脑的过程中，是从很多个渠道一起进入的，如果是从某一个单一的渠道输入，那我们记忆的信息就不完整。我们想要彻底了解一件事物，就必须了解它的完整信息。因此，在这种情况下，我们就必须把视觉、听觉、嗅觉、味觉、触觉等所有渠道全部使用起来，并且将这些渠道输入的信息结合起来，这样我们最终记忆的信息才是完整的信息。比如说我们想记住一个苹果的完整信息，就必须用多通道协同记忆的方法，包括用眼睛看它的形状和颜色，用嘴尝它的味道，用身体感受它的硬度，用鼻子闻它的味道等。如果只有一种感觉渠道输入的信息，比如单靠视觉的观察，那么我们也只能知道苹果的形状和颜色，其他的信息根本就不可能知道。

现代心理学和生理学的研究，为多通道协同记忆法提供了理论基础。

现代生理学研究表明，在进行记忆活动的过程中，多种感官相互协调，结合并用，能够有效提高我们的记忆效率。另外，现代心理学实验也证明，在研究一个对象或现象，以及记忆各种材料和信息时，人们的感觉器官参与得越多，越深刻，自身取得的认识就越好，越详细，记忆自然就会更加深刻和牢固。

曾经有人做过这样一个实验，在实验中将被测试者分为三组，要求他们记忆相同的 10 张图片，但是采用不同的方式：第一组被要求只能用视觉进行记忆；第二组被要求只能用听觉进行记忆；第三组则被要求把听觉和视觉结合进行记忆。实验结果显示，第三组被测试者的记忆效果最好，记住的内容为 86%；第二组的记忆效果则是最差的，记住的内容为 60% ；第一组记住的内容则为 70%。这个实验表明，使用多种感官分析器进行记忆，比使用单一感官分析器进行记忆效果要好得多。当然，这个实验得到的结果是正确的，但是数据却并不具有普遍性。有研究表明，人们从视觉获得信息之后，最后能记住的应该是其中的 25% ；从听觉上获得的信息，最后能记住的大概只有 15% ；而如果把听觉和视觉结合起来获取信息，最后能记住的信息差不多会有 65%。实际上这应该是一个一加一大于二的方法。

那么究竟为什么会出现这样的结果呢？如果我们在进行记忆活动的时候，通过多种感觉器官把信息输入到大脑当中，这样把各种通道全部充分利用起来，就能够在大脑皮层的相应部位建立起多通道的联系，使大脑皮层的各个部位都留下关于同一种信息的痕迹。虽然这些痕迹代表的是同一个信息，但是各个痕迹却各不相同，因此把这些痕迹结合起来能够提高我们的记忆效果。另外，信息在通过多种感觉器官通道进入到大脑中后，形成的神经联系也不是单一的，而是很多个，这样就能够增强第一次的感知效果。神经联系越多，我们记住信息的概率就越大。即使某个通道或者神经联系由于时间的原因而中断，我们还可以通过其他的联系来记忆信息，能够大大降低遗忘的概率，这也在一定程度上增加了记忆效果。

人一共有五种感官，但并不是在记忆任何信息的时候都需要把五种感官全部用上。在使用多通道协同记忆法时，必须根据实际情况进行选择，如果只需要一两种感官，那么重点用一两种感官就可以，这样才能够协调得当，使记忆活动的效率达到最高。

减轻大脑负担，妙用字钩记忆法

字钩记忆法主要用在记忆许多抽象的词、词组和短文中，指的是将记忆内容中的一个或几个最有特点，并且能和整体联系的字单独提出来，进行重新排列和整理。在这种情况下，只要记住字钩，就能够记住所有内容。

字钩记忆法的主要作用是减轻大脑的负担。虽然人们的记忆容量是无限的，但是一定时间内输入过多需要记忆的信息也会使大脑超负荷运行，造成大脑的疲劳，产生一定的负担，导致记忆效果的降低和记忆力下降。碰到这种情况，人们可以把记忆的内容简化，争取能通过记忆很少的内容，达到记忆更多的信息的效果，以达到减轻大脑负担的目的，字钩记忆法就具有这样的特点和效果。

字钩记忆法的产生是人们合理利用大脑的自觉记忆和潜记忆的结果。潜记忆是人们普遍存在的一种记忆现象，它储存了人们平时记忆的大多数信息，只要大脑接收到相应的刺激，潜记忆中记忆的信息就会自动再现出来。字钩就是刺激潜记忆中信息再现的重要工具和手段。

在运用字钩记忆法时，人们会把字钩记忆在自己的自觉记忆中，使字钩变成人们的永久性记忆，而其他信息则储存在潜记忆当中。当人们需要完整的信息时，就调出字钩，用字钩刺激潜记忆中的信息再现。这样，人们只需要用大脑去记忆字钩，而潜记忆中的信息并不会对人们的大脑造成负担，一个轻松的大脑还可以接受各种各样的其他信息，从而提高记忆效率，增强记忆力。

在我们平常运用字钩记忆法进行记忆时，最好把所有的字钩排列成有意义的并且通顺的句子，这种做法比把字钩排列成一连串无意义的文字记忆效果要好。但是很多时候我们提取出来的字钩不允许被调换顺序或者组合起来不能够变成有意义的句子，这时候我们可以用和字钩同音或谐音字代替的方法进行替换，达到最方便我们记忆的效果。比如说要记忆我国的内蒙古、新疆、青海、西藏这四个主要的大牧区，就可以用“内新青西”来代替，但是“内新青西”并没有什么实际意义，这时候我们可以把“新”换成“心”、把“青”换成“清”、把“西”用“晰”代替，得到的结果是“内心清晰”，这样就变得有意义并且方便我们记忆。

有时候，我们在一段很长的信息内容中得到的字钩字数是很多的，这种情况下我们要学会对由字钩组成的句子进行合理的断句处理。研究表明，字钩组合的句子最好不要超过 7 个字，超过 7 个字，人们的记忆效率就会变低。因此，如果字钩组合超过 7 个字，就一定要进行

◇ 字钩记忆法的应用 ◇

字钩记忆法的用途非常广泛，比如我们都知道金庸大侠一共写了 15 部作品，其中的 14 部作品是《飞狐外传》《雪山飞狐》《连城诀》《天龙八部》《射雕英雄传》《白马啸西风》《鹿鼎记》《笑傲江湖》《书剑恩仇录》《神雕侠侣》《侠客行》《倚天屠龙记》《碧血剑》《鸳鸯刀》。

有利于记忆的划分，但是一定要注意节奏的对称。

字钩记忆法的重点是在字钩的选择上，因此，必须仔细思考究竟选择哪些字作为字钩，同时在做出选择后，一定要仔细检查，如果发现我们所选择的字钩并不能有效帮助我们记忆，那么就应该马上对字钩进行更换，以免不利于我们对信息内容的记忆。

关联词、关键词以及缩写词法

关联词汇法是指把人们自己熟悉的一种具体的物体与自己想要记忆的信息联系在一起进行记忆的方法。关联词记忆法主要用于对数字的记忆。

在使用关联词汇法时，我们可以把要记忆的词汇和我们所选择的关联词联系起来，组成一定的特定情节，并且在用一定的肢体语言表现的同时大声把我们想象的情节喊出来，这样就更容易记住我们所需要记忆的信息。

如果人们记忆一些具体的物体好过对数字的记忆，就可以选用关联词记忆法进行记忆，这能够有效提高人们的记忆力。例如 1 代表的是太阳，我们就可以指着天说，天上只有一个太阳。

当人们掌握了关联词汇法之后就可以通过联系法，进一步提高自己的记忆力。

联系法是指在连接过程中，用行动或者想象把一个词和另一个词进行联想。这种方法通常被用于记忆一长串特定顺序的信息组合。联想法的基础是关联词汇法，想要合理运用联想，就必须使用先前的关联词汇。比如我们要记忆数字 4231314，就可以想象成车轮被一个腿短的人推着通过了原野，那个人对着太阳伸出一个手指并且让车轮落在了地上。在这段话中，车轮代表的是 4，腿代表的是 2，人表示的是 3，原野和手指代表的是 1。

联系法最重要的一点，就是能够发挥自己的想象力，但是想象力是无限的，有些时候想象出来的事情也是不可能实现的，这样就会导致有些人认为自己联想出来的事情不可能实现，也不可能有利于人们记忆，所以就不采用联系的方法了。这种想法是错误的，因为用联系法想象出来的东西本身就没有什么意义，它最重要的作用就是帮助人们记忆信息，至于在逻辑道理上通不通或者能不能实现等问题，根本

◇ 选择合适的关联词汇 ◇

关联词汇法的重点是要选择 套合适的关联词汇。关联词汇的选择并没有什么特定的标准，可以按照自己的喜好和熟悉程度来选择，但是一定要选择最有助于我们记忆的关联词汇。

1. 比如有些人对各类歌曲非常熟悉，那么他就可以选择歌曲作为关联词汇，这样他们就更容易记住要记忆的信息。

2. 有些人可能对古诗词很熟悉，那么他们就可以选择古诗词作为关联词，这也有助于他们的记忆。

只要是对人们有一定意义的词汇，都可以作为关联词进行使用。

没有必要去考虑。

关键词法同样是一种有助于人们记忆的重要方法，指的是将口头和视觉上音似的单词和抽象的词联系在一起的一种记忆形式，主要用于记忆外语中的词汇和抽象概念。简单点说就是一句话或者一条信息可以用其中的一个关键词语进行记忆，或者从这句话和信息中提取几个关键词语进行记忆。比如说我们以前学习维护消费者的权益主要有五个途径，分别是：与经营者协商和解；请求消费者协会调解；向有关行政部门申诉；根据与经营者达到的仲裁协议，提请仲裁机构仲裁以及向人民法院提起诉讼。这五条途径如果全部记忆，信息量会有一些大，可能造成大脑疲劳，导致人们记忆效率变慢，这时候我们就可以在其中选取几个关键词进行记忆，比如说和解、调解、申诉、仲裁、诉讼，记住这几个关键词，再联系我们所学的知识，在用的时候就很容易回忆出这五条途径。

关键词法的重点就在于关键词的选择上，必须要有代表性，同时也应该尽量是简单一些的，方便人们记忆的，再有就是和我们大脑中已经存在的信息联系最多、最紧密的。

缩写词法是指把一段文字中每个词汇的首字母结合在一起，用来帮助人们记忆这段文字。比如说我们玩的网络游戏魔兽世界，平时在我们说到魔兽世界的时候经常会用 WOW 来代替，这是因为魔兽世界的英文全称是 World Of Warcraft，它总共由三个单词组成，我们记忆的时候就是把三个单词的首字母组合在一起，最后得到的就是 WOW，这就是缩写词法。

缩写词法在日常生活中的应用是非常多的，比如我们经常用 BC 代表公元前、用 AD 代表公元、用 VIP 代表高级用户和贵宾、用 AIDS 代表艾滋病等。很多时候，可能有些东西我们听都没听说过，但是如果说出它的字母缩写我们却知道代表的是什么，比如说脱氧核糖核酸我们可能就不知道是什么，但是如果说 DNA 我们就一定会知道。

把记忆点编为数字的代码记忆法

代码记忆法指的是用实物代替数字的方法。主要是根据实物对应的单词中某些字母的发音，来确定其所指代的数字。注意，重要的是字母的发音，而不是字母本身。

为了学会使用这种方法，首先必须学会一种简单的语音字母表。由于所有数字都是由 1、2、3、4、5、6、7、8、9、0 这 10 个数字组成的，因此这个语音字母表中只有 10 个音，即 1、2、3、4、5、6、7、8、9、0 这 10 个数字，每个数字对应一个不同的辅音。虽然这个表很简单，但是它却能让人以一种特别的方式记住数字或者是与其他事物有联系的数字，因此我们必须牢记它。下面是我们需要记忆的语音字母表：

1. T（D）	2. N	3. M	4. R	5. L
6. J	7. K	8. F（V）	9. P（B）	0. S（Z）

实际上我们可以通过下面的“记忆帮助”来记忆代表数字的辅音。

代表数字 1 的音是 T 或 D，这两个字母有一笔是向下的。

代表数字 2 的音是 N，这个字母有两笔是向下的。

代表数字 3 的音是 M，这个字母有三笔是向下的。

代表数字 4 的音是 R，代表 4 的英语单词是 Four，这个词的最后一个字母是 R。

代表数字 5 的音是 L，在罗马数字中，L 代表 5。

代表数字 6 的音是 J，字母 J 转换方向后，有点像 6。Ch、Sh 以及发软音的 G，同样代表的是 6。

代表数字 7 的音是 K，K 可以看作是由两个 7 组成的，一个正写，一个倒写。发硬音的 C 和发硬音的 G，同样代表的是 7。

代表数字 8 的音是 F 或 V，手写的 F 和 8 都有两个零，一个在另一个上面。

代表数字 9 的音是 P 或 B，P 翻过来就是数字 9。

代表数字 0 的音是 S 或 Z，0 的英语单词是 Zero，它的第一个音就是 Z。

从上面的论述可以看到，有些数字对应的不止是一个字母，这是因为我们发出这些字母的语音时，发音方式是相同的。比如我们读 P 和 B 这两个字母时，嘴唇、舌头和牙齿的方式都是一致的。这也正是这个表叫作语音字母表的原因，我们需要的是字母的发音，而不是字母本身。有些字母，在不同单词中的发音不同，它代表的数字也就不同。比如说 G 这个字母，在单词 gee 中发软音，所以它代表的数字是 6，而在 go 这个单词中，G 发硬音，所以它代表的数字是 7；再比如 C 这个字母，在单词 coat 中发音为 K，所以它代表的数字是 7，而在单词 cent 中发音则为 S，所以这时它代表的数字则是 0。另外，有些字母，虽然在单词中出现了，但是由于这个字母并不发音，所以它不代表人和数字，而这个单词代表的数字则要根据下一个字母发出的声音所决定。

当然，还有一种方法可以帮助我们记住这些发音所代表的数字，那就是根据这些字母的发音，按照从 1 到 0 的顺序组成一个毫无意义的短句，即 TeN MoRe LoGic FiBS。但是这种方法有一定的限制，那就是我们必须按照顺序去记忆，这会导致我们在一段时间内必须依靠这个毫无意义的短句。可是我们没有必要按顺序去记忆它们，这种依赖也并没有好处，因此这种方法并不值得提倡。

掌握这个语音字母表之后，还要记住一点，有些字母虽然发音但没有任何意义，不代表任何东西，比如说 a、e、i、o、u 这几个元音字母，还有字母 W、H、Y 等。

记住每种语音发音代表的数字后，我们就可以选择一些具体的代码来指代数字。代码并不是随便选择的，为了更方便记忆，必须要选择更容易变成心理图像的事物作为代码。同时，必须要根据数字的位数来选择代码。比如数字 1，它只有一位数，而 1 是由 T 或 D 音来指代的，因此我们必须选择只包含一个辅音的词，比如说死亡 die 这个词；而 10 则是两位数，是由 1 和 0 这两个数字组成的，因此必须由一个 T 或 D 音和一个 S 或 Z 音按照顺序构成，比如说大拇指 thumb 这个词，就可以代表 10。

下面列举一些 1 到 50 这些数字的代码词：

1. die（死亡）2. now（现在）3. May（五月）4. ray（光线）5. law（法律）

6. shoe（鞋）7. cow（母牛）8. ivy（常春藤）9. bee（蜜蜂）

10. thumb（大拇指）

11. tod（单独）12. down（向下）13. tom（汤姆）14. tire（车胎）15. tile（瓷砖）

16. tach（转速表）17. talk（谈话）18. dove（鸽子）19. top（顶部）

20. nose（鼻子）21. knight（骑士）22. nun（尼姑）23. name（名字）

24. near（接近）25. kneel（下跪）26. notch（峡谷）27. nick（缺口）

28. knave（无赖）29. knob（球形把手）30. moss（苔藓）31. made（制造）

32. moon（月亮）33. mam（妈妈）34. more（更多）35. mule（骡子）

36. much（非常）37. make（制造）38. move（搬家）39. map（地图）

40. rase（破坏）41. root（根源）42. rain（雨水）43. rum（朗姆酒）

44. rower（划船者）45. rill（小河）46. rash（爆发）47. rake（耙子）

48. rove（流浪）49. rape（掠夺）50. lose（遗失）

选择好代码词之后，我们可以通过对这些代码词进行联想来记住它们所代表的数字。比如 11 这个数字，可以想象成你认识一个孩子；42 可以想象成雨水正把什么东西淋湿等。

代码记忆法还可以帮助你记住一些有顺序或无顺序的项目，比如说给你几个没有按照顺序排列的项目，但是需要你按顺序记住它们。例如其中一个项目是“8. 手表（wristwatch）”，就可以想象成“你看见自己戴的是常春藤，而不是手表”，这样就可以把需要记忆的项目和其所处的顺序全部记住，根本不用去考虑记忆时的顺序。

将记忆单位相连结的媒介记忆法

媒介记忆法指的是人们利用各种媒介来帮助自己记忆信息，提高记忆效率的方法。媒介的主要作用，是帮助人们对输入到大脑中的信息进行编码。按照信息加工的观点，人们总是要按照自己的经验体系或心理格局，对输入到大脑中的信息进行最好的编码，使信息变得有意义，从而提高自己的记忆力。

这里所说的媒介，是指在记忆活动中人们经常需要对信息进行加

◇ 代码记忆法的使用限制 ◇

从实际情况来看，代码记忆法的使用有一定的限制：

1. 由于代码记忆法主要根据实物对应的单词中某些字母的发音来确定其所指代的数字，因此，要使用这一方法要求人们对英文有一定的了解。

2. 要注意，不是字母本身代表数字，而是根据其发音，因此使用这一方法的人要准确了解一些英文字母在不同情况下的发音。

只有做到了上述两点，才能正确运用代码记忆法，可见这一方法在使用时并不是无条件的，而是受到一定的限制。

工，使其变成和原本输入到大脑中的形式不同的新形式，从而对信息进行重新编码，进而提高记忆效率。对原有的记忆材料和信息的加工和变形就是媒介。

实际上，媒介只是信息和人们的记忆之间的中介，通过媒介对信息进行加工变形能形成记忆，而当人们想要提取记忆时，只要先回忆媒介，以及形成媒介的方法或媒介的意义，就可以把大脑中的记忆还原成原有的记忆材料和信息。

媒介的形式有很多种，凡是能够使人与人、人与事物或事物与事物之间产生联系或发生关系的物质，都可以称为媒介。人们在运用媒介记忆法时，主要用到的媒介形式，是自然语言和视觉表象这两种。

在媒介记忆法中，媒介的主要作用是对原有记忆信息和材料进行重新组织和加工。

以自然语言为媒介的组织加工，是指利用人们储存在长时记忆中的语言的某些特点，比如语义、发音、字形等，对外界输入到大脑中的信息进行重新编码，使其变成能够储存在长时记忆系统当中的信息。比如人们在学习外语单词时，为了能够记住外语单词的发音，有些人就会用相同发音或相似发音的汉字来记忆，比如说记忆单词 Hello 时，可以用“哈喽”来代替，这个时候，“哈喽”这个汉字词语起到的就是媒介的作用。由于这种发音上的相同性或相似性，人们的记忆效率能够大大提高。

另外，用自然语言作为记忆媒介时，不仅可以利用词语作为媒介，还可以利用短语或者句子作为媒介，进行组织加工。比如人们在记忆多个信息时，就可以把这些信息用自己的语言组织和连接起来，形成一个短语和句子，从而方便人们记忆。就像记忆“汽车”和“快”这两个信息时，就可以组成“汽车行驶时的速度很快”这样的句子来进行记忆，这样当我们看到汽车时，我们就能想到它的速度很快，或者当我们想到“快”这个词语时，马上就能想起来汽车的速度是很快的。

在以短语或句子作为媒介进行记忆活动时，人们自己组织出来的短语和句子，并不一定非要符合实际情况，但是必须建立在人们能够准确记住信息的基础上。一般来说，各种信息或者事物之间总是会有这样或者那样的联系，所以人们在建立句子和短语的时候，应该尽量考虑到实际情况，符合信息或事物之间的现实关系，这样对记忆的影响效果才能达到最大的程度。

以视觉表象为媒介的组织加工，是指根据信息在人们记忆当中的视觉形象特点，把所有信息的形象组织在一起，形成一个新的、完整的形象或者场景，从而提高人们的记忆效率。这种方式主要是利用心理成像在记忆过程中的重要作用。把视觉表象作为媒介，主要用在记忆多个信息的情况。比如说人们记忆夏天、太阳、工人、老板、楼房等几个信息，就可以把这些信息的视觉图像组合在一起，形成“夏天，工人们在老板的指挥下，顶着火辣辣的太阳，坚持在工地上盖楼房”这样一个画面。这其中包含了人们所需要记忆的全部信息，从数量上来看，人们需要记忆的信息从5个单独的信息简化成了一条有组织的信息，虽然看似数量减少，但是人们所需要记忆的信息却并没有任何缺失，因此这样能大大提高人们的记忆效率。

事实上，以自然语言为媒介进行组织加工和以视觉表象作为媒介进行组织加工，两者之间并没有太大的差别。一般来说，大多数的信息，都可以用不同形式的媒介，进行重新组织加工，并且无论用哪种媒介，都能够达到提高记忆效果的目的。比如记忆一篇文章，既可以通过语言把文章进行简化编码，找出关键词语或关键句子进行记忆，也可以利用自己的想象，把文章想象成一个正在进行的故事，这些都能够帮助人们记忆。

在记忆领域中，媒介和组块有很大的关系，它们的存在都是为了帮助人们更好地对信息进行记忆，都能够提高人们的记忆效率，但是这两者之间也有一些明显的不同。首先是思维操作方式不同，媒介侧重的是对原有记忆材料的变化，主要是改变原有记忆材料和信息的组合形式，而组块重点在于对原有记忆材料的组合，将小的记忆单位变成大的记忆单位。其次是目的上有不同，媒介主要是通过加强对记忆材料和信息的理解的形式，来加强记忆，而组块则是通过扩大记忆的容量，来加强人们的记忆。

媒介记忆法和形象记忆法也有一些相同的地方，比如形象记忆法需要发挥人们的想象力进行联想；而媒介记忆法中，人们在运用个别媒介的时候，同样需要人们运用自己的想象力，发挥联想。

媒介记忆法应该算是一种概括性很强的记忆法，它并不能算是一种单独的记忆法，而是多种记忆法的合称，其中包括概括记忆法、理解记忆法和字钩记忆法等。

◇ 媒介记忆的特点 ◇

1. 实体性

物质实体是媒介记忆得以存在的首要因素。没有具体而实在的物质实体，无论多么精美的精神内容和历史文化也无所依附、无法留存和精确传播。

2. 事实性

媒介记忆总是同具体的社会现实联系在一起。无论是回忆过去还是重现当下，都基于一定的事实。

3. 选择性

媒介记忆难免带有主观的、感情的色彩，人们会有选择地强化某些事实的记忆，也会有意地淡化某些事实的记忆，从而造成记忆堆砌和记忆空白。

第六章

整理和划分，让你过目不忘的材料处理技巧

让记忆内容更清晰，分类记忆法

人们在记忆较多的信息时，为了有效地提高记忆效率和记忆效果，通常会对记忆材料进行重新组织和分类编组，这种方法叫作分类记忆法，也叫系统记忆法。

对信息的分类，是指按照信息的某些本质或非本质的特征，找到记忆材料之间的共同点，将记忆材料进行科学的排列和组合，从而把零碎和分散的信息集中在一起，把杂乱无章的信息变得有条理。经过分类的信息，会变得更加概括化、条理化和系统化，能减轻大脑的负担，提高人们的记忆效率。

想要让记忆变得更有效率，就必须将输入到大脑中的信息进行分类和整理，并且构建成系统。外界输入到大脑当中的信息，有很多是需要人们记忆的。但是，这些信息并不会按照人们喜好的方式进入到大脑中，也不会为了适应人们的记忆特点有条理地进入到大脑中，而是所有信息结合在一起，无条理、无规律、杂乱无章地输入。处于这样一种状态下的信息，如果不进行任何处理就直接去记忆，可能会有一定效果，但是绝对不可能把信息全部记住，同时也很容易造成大脑的疲劳，使记忆效果变差。在这种情况下，必须对信息进行有效的加工编码，重新、系统地进行组织和分类，从而促进记忆，提高记忆效率。

为什么经过分类之后的信息，会更方便人们记忆，并且能提高记忆效率呢？

第一，分类记忆法的基础是脑神经生理学。

对信息进行分类，主要目的是让信息变得更加系统。脑神经生理学知识认为，记忆系统性的信息，能够在大脑当中形成系统化的暂时神经联系，而零散性的信息，只能在大脑中形成个别的、独立的神经联系。相比较而言，系统性的神经联系会让人们的记忆变得更快，更有效率。

第二，分类后的信息更方便人们进行联想。

想象力是记忆的来源，通过联想人们能够在信息之间建立一定的联系，从而帮助人们记忆。把信息进行分类，恰恰就能够让人们在进行联想时更轻松。举个例子，假如人们需要记忆香蕉、毛巾、狮子、电视、冰箱、牙刷、苹果、老虎、香皂、洗衣机、豹子、沐浴露、橙子、狗熊、电饭锅、橘子这 16 个词语，如果不对这些信息进行改变，只是按顺序去记忆这些词语，那么人们很可能只能记住 7 个左右的词语。因为每一个词语都相当于是一个组块，这些词语进入大脑后主要是储存在短时记忆当中，但是短时记忆只能容纳 7 个组块的容量，我们记忆的内容不可能超过这个容量。这时候，就可以把这些词语进行分类，根据各种具体事物之间的联系，这 16 个词语总共可以分为 4 类，其中香蕉、苹果、橙子、橘子属于水果类，毛巾、牙刷、香皂、沐浴露属于卫生用品类，狮子、老虎、豹子、狗熊属于动物类，电视、冰箱、洗衣机、电饭锅属于家用电器类。这样分类之后，原来的 16 个单独的组块就变成了 4 个大的组块，而短时记忆中储存的组块数量虽然有限，但是每个组块的大小却没有任何限制，因此，4 个组块很方便人们进行记忆。同时，当人们需要回忆这些词语的时候，由于相互联系的词语是共同记忆的，因此只要回忆起其中的一个词语，就一定能够想起另外几个，这也是对人们记忆能力的一种提高训练。

第三，分类是信息编码的一种主要方式。

输入到大脑当中的信息想要变成人们的记忆，就必须先进行编码。分类作为信息编码的一种主要方式，自然有助于人们的记忆活动。

第四，分类本身就是记忆过程中应该遵循的一条重要原则。

人们记忆信息的最终目的是要为日常的生活、工作和学习服务。如果人们直接去记忆那些杂乱无章的信息，非常麻烦，甚至有时候会比人们在日常生活、学习和工作中遇到的问题还要麻烦，如果是这

◇ 分类记忆的原则 ◇

分类是为了更好地记忆，而不是随便分分就可以了，那么，分类记忆要坚持怎样的原则呢？

1. 信息分类之后的数量最好不要超过 7 个

短时记忆是人们在记忆的过程中不可缺少的阶段；但是，短时记忆的容量一般只有 7 个组块，因此，分类时最好不要超过 7 个组，超过了记忆起来就会更加费劲。

2. 要对信息有充分的理解

分类是需要遵循信息之间的联系和特征的，而理解信息，主要就是为了找出信息之间的联系和特征。因此，对信息理解得越深刻，人们对信息进行分类时就越轻松，记忆也就越有效率。

3. 要准确选择分类的依据

不同信息之间的相同特征和联系可能有很多，但是并不都适合作为分类的标准，必须根据记忆信息的数量和种类，寻找到信息之间最鲜明、最有特点的内在和外在的联系，以此作为信息分类的依据。

样，人们进行记忆活动还有什么意义呢？所以，一定要把信息进行分类之后再记忆，这样就能够省去人们很多麻烦。

当然，分类也不是随便怎么分都可以的，如果分类之后的信息依然杂乱无章，对人们的记忆没有任何的帮助。想要让分类后的信息真正帮助人们记忆，就必须在分类时遵循同类相属、异类相别的原则，找准信息之间的本质和非本质的联系和特征，根据这些特征，将信息进行分类、分科、分种、分项。

在分类记忆的时候，并不一定非要把有联系的信息放在一起进行记忆，很多时候可以把一段有顺序的信息从中间划分成几个部分，比如人们记忆电话号码或者其他的一些号码时，通常就会把号码分成几个部分，每个部分中包含着几个数字这样去记忆，而不是单独记忆每个数字。这其实也是一种对信息进行分类的方法。

事实证明，分类记忆对于人们识记信息，以及在大脑中提取信息都有重要的帮助。经常运用分类记忆的方法，不但能使大脑中的知识系统化，同时也能够使人们的大脑科学化，对人们养成科学的思维习惯有重大的帮助。

简单明了的图表记忆法

图表是人们常用的一种处理信息的方式，它包括图示和列表等形式。图表记忆法就是指用图表的形式对记忆材料进行加工和处理，以达到增强记忆效果的方法。

人们记忆信息的时候，需要对信息进行整合及分类，这样才能最有效地记忆。但是，很多的信息都是零碎的、复杂的，人们根本不可能一目了然地迅速分清信息之间的关系，这就导致人们不能快速对信息进行分类和整合，很容易混淆信息，对记忆活动造成很大的困难。图表记忆法恰好解决了这样的问题，它能够迅速整合零碎的信息，让信息看起来更加清晰，一目了然，使记忆活动变得更加方便和轻松。

图表的特点是简单明了、整齐划一、容易理解、容易分析、容易比较，因此信息被归纳到图表中之后，有助于人们记忆。在日常生活中，图表其实无处不在，比如人们在上学时必不可少的课程表和值日生表。试想一下，如果没有课程表，学生和老师怎么可能知道要上什么课呢？如果没有人知道该上什么课，就会出现混乱的情况；如果没有值日生表，那班级的日常卫生谁去打扫呢？难道要靠学生的自觉，还是说要老师每天都进行安排？这些情况都会造成一些问题，因此最好的办法还是列出一个值日生表，避免各种问题的发生。再比如人们经常用到的日历，这应该也算是一种图表。日历中包含着很多信息，包括今天公历是哪一天、农历是哪一天、是什么节日、是什么节气等，这些信息被放在一起，人们看起来就一目了然。如果单独拿出来一个日期，人们就可能搞不清楚其他的信息，比如问人们公历 12 月 16 日是农历的哪一天，如果不看日历，相信绝大多数的人都回答不出来。

图表的主要作用是处理信息，在日常的工作和学习中，主要用到的图表形式有三种，分别是一览表、比较表和相互关系表。

一览表的主要作用，是让复杂或零散的信息看起来更简便，理解起来更容易。一览表的主要制作方法，是把复杂的信息或散见于不同地方的信息，归纳集合到一起，通过图表的形式把这些信息反映出来。它主要用于从整体上介绍某些事物，比如你向别人介绍一辆汽车，就可以把汽车的各种数据列成一个图表。

比较表的主要作用，是帮助人们准确找出信息之间的相同点和不同点。比较表的主要制作方法，是把相同类别、相似类别的那些相似和极易混淆的信息内容集合到一起，并且对这些信息进行归纳、整理和比较，找出信息之间的相同点和不同点，然后制作成图表。它主要用于直观表现事物之间的相同点和不同点，比如人们想知道几种电脑的不同点，就可以通过比较表来表现。

相互关系表的主要作用，是展示不同信息之间的关系，包括影响和制约等，使信息更加条理化和明朗化，便于记忆。相互关系表的制作方法，是找到信息之间相互影响、相互制约、因果关系、先后关系、并列关系等关系，按照这些关系把信息制作成图表。它主要用于表现不同事物之间的关系和联系，比如说房子和砖块、水泥之间的联系。

当然，图表的形式并不只是包括这三种，还有很多种形式，并且

各种图表形式的样式也并不是固定的。在人们用图表的形式处理信息时，选择什么样的图表并不是固定的，即使是相同的信息，也可以选择

不同的图表形式，这些需要人们根据自己的习惯以及信息的内容进行选择，但是尽量选择自己最熟悉的和处理信息最方便的图表形式。

图表存在是为了让信息变得简单明了，因此人们在绘制图表时也要注意，不能够把图表制作得特别复杂，一定要简单，否则根本无法达到简化处理信息的效果。在制作图表时，线条和文字都应该力求简洁，争取让人一看就能理解图表所表达的主要内容。如果能够在图表中加入一些自己的思考，就更能加深记忆效果。

归纳中心，罗列提纲

提纲记忆法就是指通过对记忆材料的分析和总结，将其归纳成提纲的形式进行记忆的一种方法。这种方法不仅能够促使人们对记忆材料进行深入的思考，加深对记忆材料的理解，同时也能将材料中的知识系统化，按照一定的顺序储存到自己的记忆库中，无论是对保持记忆还是对回忆都有一定的好处。实际上，编写提纲本身就是一个加深对记忆材料的理解和巩固记忆的过程。从这一点上来看，提纲记忆法确实是有助于人们记忆的。

使用提纲记忆法时，最重要的步骤就是编制提纲。编制提纲的主要目的是对记忆材料进行分析、综合和概括，主要的作用是体现材料的主要内容、精神实质以及相互之间的逻辑关系，同时也能体现人们自己的语言风格，使材料更符合自身的记忆特点，最终提高自身的记忆效果。那么，编制提纲为什么能提高记忆效果呢?

第一，提纲是对整个材料的概括，因此线索清晰，内容简便，方便人们直接观察；第二，虽然与整个记忆材料相比，提纲的内容简便，但是它却概括了记忆材料的全部内容，也就是说我们记忆提纲和记忆完整的记忆材料的效果是一样的，但是记忆提纲却能节省很多时间；第三，提纲不同于正常的文章，时间、地点等各种因素俱全，它只要概括出主要内容就可以，因此在行文上异于常规文章，同时因为篇幅短小，有一种“小清新”的感觉，能给人留下深刻的印象；第四，编制提纲，能够把记忆材料内部的各种联系全部整理清楚，使人们分清

材料内容的主次，条理分明，做到有针对性地记忆，从而加速记忆过程；第五，提纲语言简洁，表达意思直接明了，集中了材料中所有内

容的精华，自然方便人们记忆。

提纲记忆法条理分明，虽然简化了记忆材料，却保留了记忆材料内部的联系，是提高记忆效果和记忆效率的重要方法。那么，究竟应该怎样运用提纲记忆法呢?

第一，要熟读并且分析记忆材料，找到记忆材料内部的各种关系及其基本的脉络，为编写提纲打下坚实的基础，并做好充分的准备。提纲毕竟是对记忆材料的概括，因此熟读并且掌握记忆材料的主要内容是十分重要的；另外，所谓概括，既不能脱离原材料的主要内容，又必须要把整个材料内容用简洁的语言表达出来，这就要求我们必须对材料进行分析，找准材料中的主要内容和主要关系，这样才能编制出最准确的提纲。

第二，发挥大脑对信息的组织能力，对记忆材料进行概括和综合。这是使用提纲记忆法时最主要的步骤。在概括材料时，一定要抓住记忆材料的重点和主干，并且把要记忆的材料纳入到大脑原有的知识中，使其变得条理化。只有对材料进行概括和综合之后，才有了编制提纲的根据。

第三，深刻理解了材料内容，在把握了材料中的各种关系的基础上，用文字的形式编制出提纲。要用自己的语言，把经过分析和综合后、储存在大脑中的内容表现出来，甚至在有必要的情况下也可以和别人进行讨论，避免自己编制的提纲不够完善。

这样提纲编制完成之后，就为人们使用提纲记忆法进行记忆打下了良好的基础。然后，只要按照提纲进行记忆，记忆材料中包括的所有主要内容，我们就全部都能记住。

高效率的概括记忆法

概括记忆法就是通过对记忆材料的精心提炼、概括和简化，来抓住材料的重点进行记忆的方法。概括记忆对提高记忆效率有重要的作用，大多适用于记忆内容较多、较系统和复杂的材料以及社会科学知识。

记忆材料是多种多样的，很多记忆材料不但内容多，而且内容复杂，并且有很多无意义的内容掺杂在我们需要记忆的内容之中。这样的材料，我们没有必要全部记住，但是又不知道到底该记忆哪些部分，因此会对我们的记忆活动造成很大的困难。这种情况下，我们就必须要找到记忆材料的核心部分，抓住材料的重点和主要内容，集中精力进行记忆，这样才能够更好地记忆复杂的材料。比如要记忆我们国家所有的省、自治区、直辖市和特别行政区的名字，就可以对它们进行一下概括，如概括成“两湖两广两河山，五江云贵陕青甘，西四二宁福吉安，内台海北重上天，还有港澳好河山”这样五个诗句。在这五个诗句中，我们国家的所有省、直辖市、自治区和特别行政区都包含在内，其中两湖指的是湖南和湖北，两广指的是广东和广西壮族自治区，两河指的是河南、河北，两山指的是山东、山西，五江是指黑龙江、江苏、江西、浙江、新疆维吾尔自治区，云是云南，贵是贵州，陕是陕西，青是青海，甘是甘肃，西是西藏自治区，四是四川，二宁是指宁夏回族自治区和辽宁，福是福建，吉是吉林，安是安徽，内是内蒙古自治区，台是台湾，海是海南，北是北京，重是重庆，上是上海，天是指天津，还有港澳好河山就是指香港和澳门。人们应该能明显地感觉到，通过这几句诗对我们国家的所有省级单位进行记忆要比把这些分开单独记忆要好得多，这就是概括的好处。

概括记忆法要求人们具有非常强的思维能力和概括能力，只有这样才能对记忆材料进行充分的分析、思考和研究，才能提炼出记忆材料中的核心和精华部分。因此，运用概括记忆法，必须先锻炼自己的思维能力和把握材料的能力。人们必须通过思考和分析找到材料的关键部分，理解其大概意思，不能够把注意力集中在一些不需要记忆的细枝末节上面。要让自己的思维具有选择性和跳跃性，选准关键点去思考和记忆。还要根据不同的材料选择不同的概括方法，让材料在保存核心思想的基础上得到最大程度的减少，以减轻记忆负担。概括的方法主要有内容概括、主题概括、按顺序概括等。内容概括主要是抓住记忆材料的关键性词句和主要情节；主题概括主要是抓住记忆材料的主题和要领；按顺序概括是指突出材料的顺序性，或者是用容易回想起来的数字概括材料，比如“三个代表”等。很多时候，集中概括方法需要结合使用才能更好地概括整个记忆材料，这需要人们根据头际情况进行最佳的选择和组合。

精析材料，效果强大的统筹记忆法

部分记忆法是将一个完整的记忆材料分成几个部分，在进行记忆时，每次只记忆一个部分，等到这个部分能够熟练记忆之后，再对下一个部分进行记忆。以此类推，一直到把整个材料全部记住为止。比如说你背诵一篇文章，如果是用部分记忆法，就可以把整篇文章分成几部分，然后先对第一部分进行记忆，熟练之后，再记忆第二部分，如此循环，一直到把整篇文章全部熟练记忆为止。

在使用部分记忆法对材料进行记忆时，有三种不同的记忆形式可以选择：第一种就是每次都只识记记忆材料的一部分，当把所有部分都熟练记忆后，再合成一个整体进行记忆，这是一种最纯粹的部分记忆方法；第二种是先记忆材料的一部分，熟练记忆之后，把第一部分和第二部分合起来识记，这样一直到把整个材料完整记忆为止，这种方法可以叫作部分累进记忆法；第三种是先对记忆材料的第一部分和第二部分进行识记熟练之后，把这两个部分合起来进行复习，随后再识记第三部分，记忆熟练之后，把前三部分合起来复习，一直到对记忆材料的整体进行复习，这种记忆方法叫作渐进分段法。

整体记忆法是一种最简单的记忆方法，它与部分记忆法恰好相反，是把所有材料作为一个整体，从头到尾进行识记，反复进行，一直到把所有材料熟练记忆为止。比如说你要背诵一篇课文，如果使用整体记忆法，就需要把这篇课文从头到尾读一遍，之后检查自己是否记住，如果没记住，再一次从头到尾读一遍，这样一直到自己把课文全部背下来为止。这种方法适合一些简单的或者是短小的记忆材料。

综合记忆法就是把整体记忆法和部分记忆法结合起来使用的记忆方法。在运用综合记忆法时，要先对材料进行整体记忆，随后把记忆材料分成几个部分分别进行记忆，最后再把各个部分综合起来，变成一个整体进行复习。

整体记忆法、部分记忆法和综合记忆法，都是对一个整体的材料进行记忆的方法，因此，人们经常会对这三种方法进行比较，希望能够把三种方法分出个优劣。经过长期实践证明，三种记忆方法能取得什么样的效果，在很大程度上取决于记忆材料的数量和性质。当记忆材料简单、容易理解并且比较短小的时候，最适合使用整体记忆法；如果记忆材料比较复杂，并且很难理解，同时又比较长，则用部分记忆法最好；在记忆材料的长度和难度都适中的情况下，则使用综合记忆法最好。

在记忆同一种材料时，如果把三种方法两两进行比较，就会发现综合记忆法好于整体记忆法，而整体记忆法则好于部分记忆法。也就是说，综合记忆法是三者中最好的记忆方法。

之所以整体记忆法好于部分记忆法，是因为这两种记忆方法主要针对的是完整的材料，使用整体记忆法更有助于人们对材料的整体理解，并且也更容易根据中心思想理解材料内部各个部分之间的联系。而部分记忆法会把整体的材料进行拆分，使材料变得分散、孤立，拆分了材料之间的内在联系，使人们不容易抓住材料的中心，也不容易理解整个材料。同时，在记忆了各个部分之后，人们还要花费一定的时间把所有材料连接起来，不仅浪费了时间，也在一定程度上降低了记忆效果，因此才说部分记忆法在记忆效率上比不上整体记忆法。

之所以综合记忆法记忆效果最好，是因为综合记忆法是整体记忆法和部分记忆法的结合，它能够发挥出整体记忆法的长处，克服部分记忆法的缺点，同时对于部分记忆法的长处也能充分发挥，对于整体记忆法的缺点合理回避，既不妨碍人们对记忆材料的整体理解，又能减少对记忆材料的识记次数，节约记忆时间，提高记忆效率。因此，综合记忆法是三种方法中最好的，也是作用最大的。

◇ 部分记忆法的优势 ◇

虽然在记忆方法两两比较中，整体记忆法要优于部分记忆法，但这并不是绝对意义上的，在某些方面，部分记忆法也优于整体记忆法。

1. 部分记忆法因为是把整体的材料分段记忆，很容易就能见到自己的记忆成绩，这样就能保证人们不失去信心。

2. 同时也能够按照段落的难易合理分配时间，比较困难的部分可以多花一些时间，这样就能避免时间上的浪费。

因此，在选择记忆方法的时候还是要看材料本身，有些比较复杂，并且很难理解，同时又比较长的材料，还是选择部分记忆法最好。

当然，并不是说综合记忆法最好，不管什么时候都采用综合记忆法，而是要根据实际情况、根据材料的难度和性质来选择正确的记忆方法。只有这样，才能够取得最好的记忆效果。

第七章

逻辑与想象，发挥思维力为过目不忘搭起桥梁

深究细节，形象记忆法

形象感知是记忆的根本。形象记忆法就是通过对信息和一些具体形象之间的联想，来帮助人们记忆信息的办法，它是形象联想原则的实际应用。形象记忆法能够核实人们要记住的每件事物。

想要了解形象记忆法，必须先要清楚什么是形象记忆。形象记忆的主要内容，是人们自己感知过的事物的具体形象。比如说我们想要记住一个人，就需要记住这个人的具体形象，包括容貌、仪态；想要记住一种水果，就需要记住水果的颜色、形状、味道等。注意，必须记住一些具体直观的形象，才能够记住这些事物。形象记忆是随着人们形象思维的发展而发展的，和形象思维有着十分密切的联系。形象记忆以视觉形象和听觉形象为主，当然由于人们从事的职业不同，一些从事特殊职业的人，在嗅觉等其他方面的形象记忆，有着异于常人的灵敏度。

形象记忆并不仅仅用来记忆那些有具体形象的事物，对于一些抽象的记忆材料和事物，它也是一种常用的记忆方法。当然，用形象记忆的方法去记忆抽象的信息，有一个很重要的前提条件，那就是把抽象的信息形象化。

形象化就是指把记忆材料和事物，同人们能够看到的图像联系起来，让复杂记忆材料和事物转化成图片或者图表的形式。一般来说，具体的图像比抽象的观点和理念更不容易忘记，就像我们听别人说过一个人和我们真正见过一个人，产生的印象是不同的道理一样，我们对自己用眼睛看到过的人印象会更深刻。

形象记忆法的基础是形象联想。要运用形象记忆法，必须要让被记忆的事物在大脑中形成一个清晰的形象。但是很多时候人们需要记忆的事物并没有具体的形象，这就需要人们发挥想象力，把需要记忆的事物和已经知道的事物形象联系起来。或许有人认为，这种联想必须建立在一定的逻辑关系基础上，比如太阳，就应该把它联想到一个圆形的事物上面。但是事实上并不是这样，运用形象记忆法时所进行的联想，完全不用去考虑信息和具体事物的形象之间是否具有逻辑关系，它不一定是在人们印象中的那种正常的联想，可以是滑稽的，也可以是可笑的，甚至可以是牵强附会的。总之，只要人们联想出来的东西对人们记忆信息有帮助，那就没有任何形式的限制。

所有的记忆方法、记忆手段和记忆策略都是为了让人们的记忆不出现漏洞，形象记忆法也是一样。虽然形象记忆法的使用方法很简单，大多数人都可以应用，但是如果在使用时受到一些意外因素的影响，形象记忆法是不能起到帮助人们记忆的效果的。因此，在运用形象记忆法时，有几点重要的注意事项。

第一，形象联想可能是没有任何逻辑关系的，因此对于人们大脑中的那些不合理的、稀奇古怪的、不合逻辑的联想，不应该拒绝和排斥。在现实生活中，一些不符合实际情况和逻辑关系的联想总是会遭到别人的嘲笑，甚至有时候人们自己有这样的联想时，自己都会感觉到可笑。但是在记忆领域内，这样的联想是正常的，它能够提高记忆效率，改善人们的记忆力。

第二，不能随意加速形象联想的过程。俗话说熟能生巧，任何事情做过的次数多了，都会变得熟练，速度也会变快。形象联想的次数增加之后，联想的速度同样会变快。但是这种快却并不是人们所需要的。想要让信息变成长时记忆，并不是一个瞬间就能完成的过程，这其中需要自身的努力和足够的时间，单纯的提高形象联想的速度，并不会起到任何效果，甚至还可能会产生负面的作用。

第三，形象联想附加上评论和一些情感上的判断，也能加深记忆。记忆具有个性化的特点，而对形象联想附加评论和一些情感上的

◇形象记忆法的好处◇

这里所说的形象记忆法，主要应用在记忆抽象的记忆材料。这种方法主要有三个好处：

1. 让人们在记忆事物和信息时更有秩序，避免因为混乱和毫无章法地记忆，造成人力和物力上的损失，比如因为没有记住某个地点而造成东奔西跑的情况，会导致金钱和资源的浪费。

2. 有助于人们记住一个完整过程的各个阶段，就像是做一件事情第一步要做什么，第二步要做什么一样。

3. 能够减少自己的担心。对某些事情记忆不清楚，会导致人们心绪不宁，如果我们能用形象记忆法记住这些事情，就能够免除自身那些不必要的担心。

判断，恰好会使记忆信息变得更富有个性化，更方便记忆。

第四，要有足够的耐心和毅力。人们无论做什么事情，想要取得成功，都需要足够的耐心和毅力，记忆也是一样。如果因为使用了形象记忆法，但是却没有能够记住某些信息，或者因为觉得形象记忆法非常麻烦，就不再选用形象记忆法去记忆信息，那就永远都不可能学会使用形象记忆法。

在大脑中绘制图像的记忆法

图像记忆法是指以联想作为手段，将自身需要记忆的信息，转化成比较夸张、容易引起自己注意并且不讲究是否合理的图像，从而加深记忆，提高记忆效率的一种方法。

并不是所有的信息都需要转化之后才能使用图像记忆法，有很多信息本身就是以图像的形式输入到大脑中的，人们之所以能记住这样的信息，就是图像记忆法在起作用。比如在现实生活中，人们总是能够想起一些很多年前的事情，并且每次想起来都会像是重新经历过一样，非常清晰，这就是因为事件中的各种图像，都深深印在了人们的记忆当中。

人们发挥自己的想象力，进行联想，是图像记忆法的一个重要环节。但是在使用图像记忆法时进行的联想，其自身也有一定的特殊性。

第一，非必要合理性。

非必要合理性是指人们在运用图像记忆法时进行的联想，可以不受任何限制，也不需要符合一定的逻辑关系或者实际情况。这样会使人们的思维变得更活跃，联想出来的东西也更丰富，对记忆的促进效果更大。这种联想有明显的目的性，主要就是为了帮助人们记忆。为了达到这样的目的，联想内容的合理与否根本不会有任何的影响。

第二，容易相关性。

容易相关性是指人们针对记忆主体所进行的联想方式，越适合自己，就越容易记忆。俗话说“鞋合不合适只有脚知道”，人们所进行的联想到底能不能帮助自己记忆，也只有自己知道。因此，在选择联想方式的时候，必须选择最适合自己的方式，这样才能做到最大限度地提高记忆力。另外，记忆本身就是人们自己的东西，人们想要记忆什么样的信息，以及怎么去记忆信息，并不需要考虑其他任何人的感受。既然只需要考虑自己，当然是各个方面都选择最适合自己的，包括联想的方式。

第三，夸张性。

夸张性是指人们在使用图像记忆法时所进行的联想，可以进行一定程度的夸张。当然，如果是真的有助于人们记忆，也可以夸张到没有任何边界的程度。过分夸张可以刺激海马体分泌一种波线，这种波线有利于海马细胞树突上的树突棘的改变。因此，夸张的联想同样有助于人们的记忆。

图像记忆法应用起来非常简单，就是把一些信息联想成一幅完整的图像来帮助人们记忆。比如说人们需要记忆电脑、鲜花、飞机场、窗帘、圆珠笔、东非大裂谷、外国、虚假同感偏差、消失、阿拉巴马这些信息时，就可以通过自身的联想，让它们形成一个整体的画面，比如说人们可以想象成电脑按着鲜花留下的标识来到了飞机场，派遣窗帘中队来阻止圆珠笔掉进东非大裂谷，但是在外国的上空，受到了虚假同感偏差的袭击，于是中队消失在了阿拉巴马。这样的一个整体画面，人们可以通过其中的一点而想起其他相关的部分，从而达到提高记忆效果的目的。

补充情节，虚构故事的记忆法

虚构故事法是指当人们需要记忆很多信息和事物，并且这些信息和事物相互之间没有联系的时候，可以运用自己的联想，把这些事物和信息变成一段简单有趣的小故事，来帮助人们记忆的一种方法。

比如说，人们要记忆红塔山、狂奔、喜欢、足球、绊倒、汽车、啤酒、警察、哥哥、惊醒这些词语，就可以运用自己的联想，编出一个小故事来对这些词语进行记忆。

◇ 图像记忆法对记忆的重要性 ◇

在整个记忆领域中，图像记忆法有着很高的地位。

1. 人们所进行的各种记忆活动中，很多信息都是依靠图像记忆法，才能最终被人记住。

2. 随着人们年龄的增长，语义记忆的能力在逐渐减弱，与之相对应的是情景记忆的能力却在逐渐增强。

而图像记忆法和人们的情景记忆能力的关系十分密切，所以人们会越来越依赖图像记忆法来记忆各种信息。

有一天，小明抽着一根红塔山走在黑夜的马路上，突然从路边蹿出来一条狗，并且直接向小明狂奔了过来。小明很害怕，心想这条狗不会是喜欢上自己了吧，可是自己的内心接受不了啊，于是他掉头就跑。可是跑着跑着，突然被一个足球绊倒。小明站起来继续跑，可是这时候却发现狗已经开着汽车追了上来。小明见跑不过，于是停下来，掏出一瓶啤酒对追上来的狗说：“你先喝点酒歇歇，我继续跑，一会儿你再追。”于是他继续向前跑。过了一会儿，他突然看见了一个警察站在路上，于是跑上去对警察说：“后面有一条狗酒驾。”于是警察把狗抓了起来。这个时候狗才有机会对小明说：“我是你失散多年的亲哥哥啊！”于是，小明从梦中惊醒了。

这些词语从表面上的意思来看，它们似乎没有任何关系，这也导致了人们所编的这个故事并不符合实际情况，非常具有离奇的色彩。可能有人在听了这个故事之后会认为这就是胡编乱造出来的，没有任何的意义。确实，这个故事并没有任何意义，但是人们编这个故事的根本原因并不是为了讲故事，也不是为了娱乐听众，而是为了要记忆那些看起来没有任何关系的词语。从结果上看，人们要记忆的词语都被编到了这个故事当中，如果把这个故事背诵熟练，那么人们所需要记忆的词语就全部都能记住了。也就是说，为了记忆某些信息而编造一个不符合实际的故事，这种做法是有很大效果的，人们可以通过这样的方式来记住自己需要记忆的东西。其实这种方式就是运用了虚构故事法。

从故事中可以看出，虚构故事中运用到的最重要的大脑思维活动就是联想，人们需要通过联想把一些不存在任何关系的信息联系起来，从而达到记忆信息的目的。很多人觉得即便是运用大脑进行联想，也要符合一定的现实，但是实际情况却并不是这样的。就像上面所说的例子，由于需要人们记忆的信息本身并不存在关系，导致了这种联想基本上都是不符合实际的，也是没有任何逻辑关系的。

如果人们能够掌握虚构故事法，将会对记忆活动有很大的帮助，特别是在记忆复杂材料的时候，运用这种方法更能起到非常好的作用。

当然，虚构故事法虽然对人们的记忆有很大的促进作用，但是在人们运用这种方法的时候，还是需要遵守一定的原则。

第一是人们在使用虚构故事法进行记忆活动的时候，必须按照人们需要记忆的信息的顺序去编故事，不能把信息原有的顺序颠倒或者打乱。实际上这一点可以算是虚构故事法的缺点和局限性。就像前面

◇ 运用虚构故事法时要灵活 ◇

人们在运用虚构故事法进行记忆时，也可以根据实际情况对这种方法进行灵活的改变。

1. 比如说在信息实在是太多时，可以不止编一个小故事，而是编几个小故事分别进行记忆。

2. 再比如当人们需要记忆更多的细节时，也可以为自己编的小故事配上图片或者图表等情境内容作为提示，使自己可以联系实际情境进行记忆，这样就能记住更多的细节。

总之，虚构故事是为了更好地记忆，因此在虚构故事时要多动脑筋，灵活变通，以熟记信息作为最终目的。

的那个例子，如果有人问“足球”是出现在“喜欢”之前还是之后的时候，如果变化了信息的顺序，人们就可能回答不出来了。当然，这意味着人们也只能按照特定的顺序来记忆信息，因为当人们在对信息进行回忆的时候，只能通过对整个故事的重新搜索才能回忆出来。

第二是人们运用联想编出来的故事，尽量要具有趣味性。这一点并不是必须要坚持的原则，但是有趣味性的故事和毫无意义并且让人昏昏欲睡的故事相比，人们记忆的效果会更好，甚至有些人可能根本就不可能记住那些毫无意义的故事，即便这些故事是他们自己编造的。

第三是虚构故事法虽然是运用联想编故事来帮助人们记忆，并且即使人们编出来的故事不符合实际情况，也让别人听得云里雾里，但是故事必须是自己能够理解的，如果自己都不能弄清楚自己编出来的故事，那么只会让自己的记忆变得一团糟。

逻辑推理，合理化联系信息的方法

逻辑推理法指的是通过思考、推理等手段，找到各种信息之间的某种规则、逻辑或者是联系，重新规划信息，使信息变得有意义，从而提高记忆力的方法。

思考就是通过大脑思维活动来想一些事情，而推理就是根据一些已知的条件，得出未知的结论。看起来这两种行为确实都和人们的记忆力没有任何的关系，就像一个非常擅长思考和推理的人，即使记忆力很好，也只是在这两个方面相关的事情上的记忆力很好，对于其他方面的信息，没有这么好的记忆力，这样就导致了很多人都认为逻辑思考能力、推理能力和记忆力没有任何关系。事实恰好相反，如果一个人拥有非常好的逻辑思考能力和推理能力，那么这个人的记忆力也能够变得非常好。

第一，思考和推理都是在人们的大脑中进行的活动。经常进行逻辑思考和推理的人，大脑一定非常活跃，得到的锻炼也一定很多，相应地，大脑一定非常发达。而记忆活动同样是发生在人们大脑中的活

◇ 使用逻辑推理法对人们的好处 ◇

逻辑推理方法需要很好的思考能力和想象能力，因此多多使用逻辑推理的方法对人们是有益的，具体来说有以下好处：

1. 使用逻辑推理法需要强大的思考能力，经常使用可以使人们的大脑变得训练有素，大大提高人们的智力水平。

2. 使用好逻辑推理法还必须有良好的想象力，经常使用能够有效地改善人们的记忆能力，增强人们对各种信息的记忆效果。

可见逻辑推理能力确实对我们有利，因此，在日常生活中应该多使用这一方法，提高自己的记忆能力。

动，一般来说，人们大脑内部的活动越活跃，人们的记忆效果就会越好。一个发达、活跃的大脑，一定会对记忆活动起到促进作用，使人们的记忆能力显著提高。

第二，思考和推理能够提高人们对信息理解的程度。人们对各种信息的记忆程度，与人们对信息的理解和加工程度是分不开的：信息加工和理解得越透彻、越清晰，记忆效果就越好；反之，人们对信息的记忆效果就会非常差。逻辑思考和推理本身就是一个对信息加工和理解的过程。思考的过程需要对信息进行分析，这样就能够加深人们对信息的认知程度和理解程度，在人们得到自己思考结果的同时，信息就已经被分析和理解透彻；人们在进行逻辑推理的时候，同样需要对各种信息进行分析，这样才能推理出正确的结论，因此在推理的过程中人们对信息也已经分析和理解透彻了。这也就是说，通过逻辑思考和推理的方式，人们能够记忆各种各样的信息。

第三，复杂信息的记忆需要运用一些特殊的方法，比如找到不同信息之间的共同点。人们可以通过对这些信息共同点的记忆，把共同点当作字钩等方法记忆各种不同的信息。逻辑推理的过程本身就是一个找信息之间共同点和不同点的过程，只要能够找到信息之间的共同点，那么各种信息就能够轻松储存到人们的记忆里。

第四，当信息以一个完善的逻辑体系的方式储存在记忆系统中时，一旦人们遇到问题，记忆系统中的信息结构就能被迅速调动起来，并且能够以最快的速度找到解决事情的方法。对信息的逻辑思考和推理能够使各种不同的信息组成一个完善的体系，同时由于人们在思考和推理的过程中，对信息的分析和理解非常透彻，导致这种知识形成的体系，会直接储存到人们的记忆系统中，在人们有需要的时候为人们服务。

逻辑推理法同样离不开想象力的帮助，因为在人们进行逻辑思考和推理的过程中，想象力能够帮助人们迅速在各种不同的信息之间建立一定的联系，从而大大方便人们进行逻辑思考和推理。

发挥联想，连贯记忆的方法

看到了一个事物就会自然想到另一个事物，这就是联想。正是因为有了联想，人们才会将不同的事物联系在一起。因此，联想在记忆过程中起着非常重要的作用，人们会自动寻找客观事物之间的关系，然后在大脑中形成相互连贯的线条，这种连贯的线条就是记忆和联想的基础。

联想和记忆有着密切的关系，联想是最重要的记忆法之一。适当地利用联想记忆法，对增进记忆力有很大的帮助。下面我们介绍四种主要的联想记忆法：

第一，接近联想法是指两种事物之间在空间上同时或接近，时间上也同时或接近，然后在此基础上建立起的一种联想方式。

首先举例说明空间联想，例如有时候很熟悉的外语单词，到用的时候一下子就想不起来了，可是这个单词在书本的什么位置却清晰记得，这样我们就可以想一下这个单词前面是什么词，后面是什么词，这样持续地联想，往往对想起这个单词有很大的帮助。因为这个单词与前面的单词、后面的单词位置很接近，所以在空间上建立起了一种联想。

我们再举例说明时间联想法，例如一个人去参加女儿的毕业典礼，在毕业典礼上他和他的女儿拍了张照片，可后来他却发现找不到了。于是这个人就回忆当时是在什么情况下丢的。他晚上回到家还和全家人看了照片，看完后他想着放到一个比较容易找到的地方，等买到相册，放到相册里。晚上 11 点多他上床睡觉，还在想那照片放到哪儿了呢？突然，他想到是顺手把照片放到床头柜里了，这就是在时间上建立起来的联想。

第二，相似联想法是指一个事物和另一个事物类似时，往往会看到这个事物从而联想到另一个事物。相似联想突出了事物之间的相似性和共同的性质、特征。事物相似包括原理相似、结构相似、性质相似、功能相似。

结构相似是指事物在外观构造上相似。例如以青为基本字，组成

◇ 影响联想的因素 ◇

我们在记忆和学习新事物时，要善于想象，尝试使用不同的联想法，不过联想会受一些因素的影响：

1. 时间先后

对于新形成的联想就容易回忆，如最近看过的电影就比以前看过的电影容易回忆，但是对于以前形成的联想回忆起来就比较慢一些。

2. 重复次数

联想反复使用的次数越多越不容易忘记，如乘法口诀，从小用到大，重复的次数多了，也就能做到张口就来。

联想是记忆的重要手段，能够强化记忆。因此我们应该积极、主动、充分发挥联想在记忆中的作用，提高记忆水平。

“情”“请”“晴”“清”等字。由于这几个字字形相似，所以很容易引起联想。

性质相似又可以分为形态相似、成分相似、颜色相似、声音相似等。例如利用声音的相似词语来代替被记材料，我国唐代以后的五代：梁、唐、晋、汉、周，比较不容易记起来，顺序也会颠倒。因此，以“良糖浸好酒”来代替很容易记忆。

原理相似和功能相似也是这个道理。总之，通过记忆两者之间的相似性和共性，便可在记忆中发挥很好的作用。如果在学习中能准确地使用相似联想法，会有助于提高记忆效果。

第三，对比联想是由一事物想到和它具有相反特征事物的方法。也就是说通过对各种事物进行比较，抓住其特有的性质，从而帮助我们增强记忆力。如抗金名将岳飞庙前有这样一副楹联，写的是“青山有幸埋忠骨，白铁无辜铸佞臣”。“有”和“无”是相反，“埋忠骨”和“铸佞臣”是对比。我们只要记住这副对联的上句，下句通过对比联想，就能毫不费力地记住。由于客观世界是对立统一的关系，所以联想的事物之间既存在共性也存在对立性。就比如可以由黑想到白、由大想到小、由温暖想到寒冷等。

第四，关系联想法是由原因想到结果、由结果想到原因、由局部想到整体，或者由整体回忆起局部的方法。在我们学习过程中，有许多材料能用到关系联想这种记忆方法，通过此方法可以有效提高我们记忆的能力。例如你想不起很多年前的一次考试或者一场比赛的结果了，但是你能想起你当时非常沮丧，朋友和家人都安慰你了。根据这个结果，你很可能就会回忆起你在考试或者比赛中的表现，这就是从结果推到原因的一种联想。

综上所述，大多数人都会通过联想记忆东西。比如你银行卡密码设置的是你的生日或你喜欢的数字等。相反，如果有些事物和我们知道的东西联系不起来，我们要如何记住他们呢？这时，你就要发挥丰富的想象力了。当一个人想记住某些东西，他就会用自己的想象力唤起埋藏于内心的情景和图像，然后将这些情景和图像储存在心里。

联想是记忆的重要手段，能够强化记忆。我们在记忆和学习新事物时，要善于想象，不能局限于一种联想法的应用。

找准“位置”，整合路线的记忆法

路线记忆法是一种强大的、完整的记忆技巧，同时也是一种强大的记忆工具。这种记忆方法主要就是通过将想象、联系和位置结合在一起，从而有效提高人们的记忆力。

路线记忆法最主要的应用是记忆一些地点，前提是必须有一个人们非常熟悉的地点和一条准确的路线。这个地点是为了找到一个准确的参照物，这样一方面能够使人们准确记住需要记忆的地点，另外一方面是能够避免人们忘记已经记忆过的地点，实际上它就是路线记忆法中不可缺少的因素之一——“位置”。准确的路线同样是为了帮助人们准确记住地点，如果路线不准确，那么这个地点也不可能被记住。这条路线，其实就是为了让人和这个地点之间，产生足够的联系，避免人们单独记忆地点时的不方便，同时也能帮助人们更准确地回忆这个地点。至于想象的应用，主要存在于人在构思路线和规划地点的时候。发挥想象力，把地点和路线准确地联系起来，提高人们的记忆效率。

在日常生活中，人们经常会为自己的旅游或者是出行做出一些计划，这些计划就是路线记忆法的应用。比如说你要出去旅游，首先就会有一个明确的地点，那就是自己出发的地方。然后你肯定会给自己规划出一条旅游的路线，比如先到哪个地方，后到哪个地方，沿着什么路线走。之后你会有一些明确想去的旅游景点，任何人都不可能是先走到一个地方再去寻找旅游景点，肯定是先有了想去的地点，然后才会出去旅游。最后把想去的地点和自己规划的路线结合起来，按照顺序一个地方一个地方地去。

当然，路线记忆法不只是能够帮助人们记忆一些地点，还能记忆日常生活中的各类信息。比如人们想要记住某种非常美味的菜肴，但是这种菜肴只有某个饭店能做出来，这时候人们就可以使用路线记忆法，记住那个饭店，同时也记住这个饭店能做出来这种菜肴，这样下次再想吃的时候，就自然会走到那个饭店去吃。

路线记忆法在实际的应用当中是可以变通的。第一，起点位置可以改变，任何一个人们熟悉的明确地点，都可以被当作路线记忆法的起点。第二，路线可以被改变，路线的规划本来就不是固定的，根据需要记忆的地点和信息的不同，记忆的路线也要不断改变。同时，由于有些人需要记忆的信息不可能全都出现在一条路线上，因此也可以允许多条路线同时出现，但是对此也有了更严格的要求，一定不能够把路线记忆混乱，否则肯定没办法帮助自己记忆。第三，路线上的地点可以被改变，很多时候一些地点只是在人们生活中的某个时间段中才能产生作用，这个时间里需要把这个地点记忆清楚，但是一旦过了时间，这个地点就没用了，不需要再记忆了。这时候，它依然出现在人们选定的路线上就显得很多余，没有意义，因此，可以自己在路线上把没用的地点抹去，同时加入其他一些原本没有的但后来却是人们需要记忆的地点。

除了这种普通的路线记忆法之外，还有一种方法能够帮助人们更好地记住一篇文章并且能够为人们做笔记和注释提供重点和结构，叫作“6WH”法，这也是一种路线记忆法。这里所说的“6WH”，是 7 个英文单词的首字母，分别是 Who、What、Where、When、What for、Why、How。在这些单词当中，Who 表示的是行动的主语，或者说是一篇文章当中的主人公；What 表示的是文章当中所讲述的故事，这个故事到底是什么样的；Where 表示文章中所讲述的故事发生的地点；When 表示的是文章中所讲述的故事发生的时间；What for 表示的是文章中的主人公做这件事情的目的是什么；Why 表示的是文章中所讲述的故事发生的原因是什么；How 表示的是文章中主人公在做事情时所使用的方式和方法。

之所以把“6WH”这种方法也算到路线记忆法中，是因为在阅读一篇文章的时候，只要把“6WH”当作 7 个问题去问自己，把阅读文章当作是解答的过程，那么人们就能够轻松地理解并且记忆文章的

◇ 路线记忆法的使用方法 ◇

路线记忆法作为一种我们日常生活中常用的记忆方法，到底该怎样使用这方法呢？

1. 需要有一个准确并且熟悉的地点，比如说自己的家里或者是熟悉的某个地方。

2. 以这个地点为起点，在大脑中随心所欲地构思出一条路线。这条路线可以是长的，也可以是短的，但是绝对不能脱离人们之前确定的那个地点。

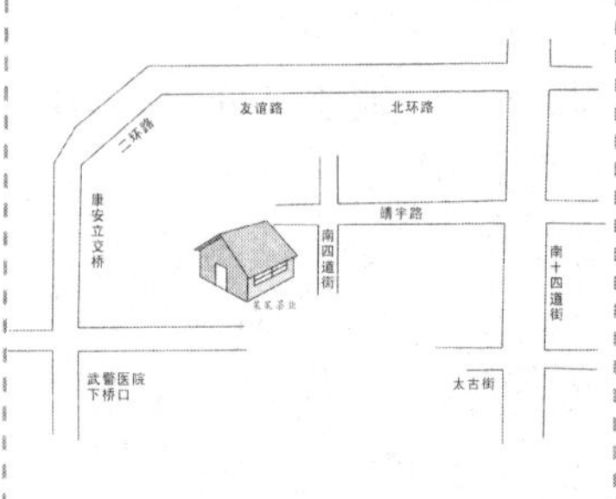

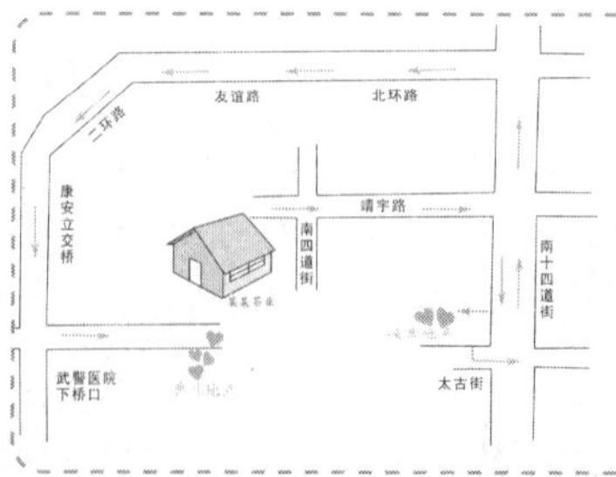

3. 找到这条路线上的某些地点，并且记住这些地点的位置。

整个内容。也就是说“6WH”相当于是一条路线，只要沿着这条路线走，就能够快速到达终点。

事实上，不仅是阅读文章需要按照“6WH”的方法去进行，人们在平时写文章的时候，同样要按照这个方法去写作。一方面，时间、地点、人物本身就是一篇文章当中不可缺少的三要素，写文章的时候当然不可能缺少；同时文章要言之有物，这就是要求文章中要有一个主题事件，而事件当中就不能缺少起因、经过和结果，因此在写文章的时候这些要素也不可以缺少；再有文章中发生的事件一定要和主人公有一定的关系，否则写出来的文章就会非常混乱。另一方面，按照6WH的方法进行写作，也会让人们的写作过程变得非常流畅，能使文章连贯并且方便人们对自己的文章进行组织和安排，保证文章有一个合理的逻辑顺序。

理解是促进记忆的有效途径

理解是记忆的基础，对各种信息和事物的深刻理解有助于人们记忆的提高。人们要想记住某些信息，就必须理解这些信息所具有的意义。没有被理解的信息，即使被储存到了记忆当中，也很难被回忆出来。

著名的心理学家巴特雷特曾经做过一个实验，他让被测者读一个故事，然后要求被测者回忆那个故事。巴特雷特发现被测者在回忆故事时并没有按照之前读的内容进行回忆，而是按照自己的方法进行回忆，并且有几个普遍的倾向：第一是故事会变得更短；第二是故事会变得更清晰，结构也更紧凑；第三是被测者做出的改变，与他们初次听到故事时的反应和情感是相互匹配的。巴特雷特认为这样的结果说明被测者的记忆系统中只保留了一些突出的细节，而剩余的部分则是根据自己的情感对原始事件的精细化和重构。简单点说，被测者回忆出来的故事，是把自己理解的主要内容用自己的语言表达了出来，这说明人们记忆最深刻的是自己理解的信息。

事实证明，我们对事物的理解越深刻，事物就越容易被记忆，保存的时间也越长。我们理解事物主要是理解事物的内部关系和规律，在理解的基础上进行分析和综合，并且与大脑中的其他经验、信息和资料建立一定的牢固联系，所以才不容易遗忘。

在记忆的过程中，我们该如何加强对记忆材料的理解呢？

第一，积极思考，了解概要。

思考是大脑思维的重要活动，通过思考，人们才能对各种各样的信息加深理解。在大脑内部已经存在的知识的基础上，通过积极的思考对记忆材料进行理解，能够让人们明白记忆材料所表达的大致意思。这样能让人们知道自己为什么要记忆某个材料，使人们拥有记忆的动力。

第二，逐步分析，找到记忆材料的关键。

分析主要是为了找到记忆材料之间相互联系的部分，从而找到记忆材料的重点和主要内容。在理解记忆材料整体的基础上理解主要内容和重点，更有助于人们记忆。

第三，直观形象，融会贯通。

把记忆材料变成直观的形象，更容易使人们加深对记忆材料的理解和记忆。例如把记忆材料之间的关系用图表、实物、模型、图片等方式表现出来，能够让人们对记忆材料之间的联系一目了然，使人们对记忆材料的了解更全面。比如人们统计某件事情得到了很多数据，如果把这些数据凌乱地写在纸上，人们看过之后可能会很难理解，如果用图表的方式把数据罗列出来，人们就能一目了然，理解起来很方便也很轻松。

第四，运用到实践当中。

实践是检验真理的唯一标准，我们所记忆的所有知识，都是用来为生活服务的，都是用来指导实际问题的。经常把记忆系统中的信息在实践当中运用，能够让我们对记忆信息的认知更加深刻，理解更加深刻，也能够深化和巩固记忆。实际上记忆和理解的关系非常密切，它们相辅相成，记忆离不开人们对记忆材料的理解，对材料的理解来源于人们的积极思考，思考得越多，理解得就越多，记忆得就越多。

◇ 理解记忆法并不是万能的 ◇

理解记忆法虽然有助于人们的记忆，但是这一方法也不是万能的。

1. 每个人自身的知识积累和经验不同，对于材料的理解能力也不同，用理解记忆法的效率和效果也不同。

2. 另外，材料的理解有一个过程，有时候人们对一些记忆材料会完全无法理解，这种情况下再用理解记忆法就没有任何效果。

在理解记忆法失效时就要把机械记忆法等其他的一些方法和理解记忆法进行结合，扬长避短，共同进行记忆活动，这样才能最有效地加深人们的记忆力。

第八章

方法对了，专业知识过目不忘不再是难题

适合学生使用的记忆方法

人们之所以要记忆各种各样的信息，主要是为学习、生活和工作等活动提供方便。其中，学生在学校进行的各种学习活动，受到记忆力和记忆方法的影响最大。

首先要知道，好的记忆力和记忆方法肯定能够帮助人们在学业上取得成功。相对于人的一生来说，人们在学校作为学生学习的时间并不是很长，但是在这个过程中，需做的事情却非常多，包括完成各种学习目标、解决各种问题甚至还要参加各种活动等。学生要掌握的知识实在是太多，留给学生的时间却并不是很多，造成他们必须和时间赛跑，在有限的时间内记忆更多的知识这种情况。这种情况下，记忆力就会起到非常重要的作用。只有拥有了良好的记忆力，各种各样的知识才能被记住，并且为学生们以后进行各种各样的活动提供需要的信息和重要的帮助。

记忆力虽然会起到很重要的作用，但是这种作用并不是决定性的，起到决定性作用的是正确的记忆方法。学生学到的知识是各种各样的，如果只用一种方法进行记忆，比如用死记硬背的方法，或许能够把学到的所有知识记住，但是花费的时间和精力却是非常多的。这种情况人们并不希望看到，因为学生最缺少的就是时间。所以，选择单一的方法去记忆学习到的所有知识显然是不现实的，就像人们盖房子也不可能只用一种工具一样。因此，为了节约时间，必须在碰到各种不同的知识时都选择最正确的记忆方法，尽量要做到用最少的时间、最正确的方法去记住学到的所有知识。

正确的记忆方法在学生学习的过程中起到的主要是辅助性的作用，它主要是帮助学生更快地记忆在学习中学到的各种知识，并不会取代学习本身。学生学习的主要目的是理解、掌握和应用各种信息，而正确的记忆方法则可以加快这个过程。

那么学生在学习的过程中，究竟采用什么样的方法才最正确呢？方法并不是固定的，因为对待不同的信息，使用不同的记忆方法会得到不同的效果，也就是说针对各种知识，最有效率的记忆方法是不同的，比如记忆一首古诗就可以用韵律记忆法，记忆很长的文章可以用概括记忆法，记忆抽象的词语、词组和短文等可以用字钩记忆法，记忆有一定规则的知识可以用逻辑推理法等。总之，必须要根据所学的实际情况找出正确的记忆方法。

人们在学习中记忆的各种知识，最终还是要应用到实际生活中。在学习中出现错误或许还可以改正，但是在日常生活中出现了错误，很多时候是没机会改正的。比如说盖房子，由于在学习时，对知识的掌握程度不好或者根本就记错了，导致人们选择了一种错误的材料来建造房屋，最后造成了住在这样的房屋中的人受伤。一旦出现这样的问题，还哪有机会去改正呢？所以，学生们学习的时候必须保证自己是无错误学习，也就是说要让学习到的所有知识都得到最正确的记忆。

相信只要做好这些事情并且能够在学习知识时找到正确的记忆方法，那么把学习过的知识全部记好，对于所有学生来说应该都不会再是问题。

一些专业人士的记忆方法

很多年前有一个著名的实验，一位心理学家把几名国际象棋的大师和新手集中在一起，观看了一系列的国际象棋的棋局。在他们把每个棋局都观看 5 分钟之后，要求他们在空白的棋盘中，把自己看到过的棋局重新排列出来。结果显示，那些大师们能够把 90%的棋子重新摆出来，而新手却只能重新摆出 40%。

◇ 学习中要坚持的原则 ◇

要想让学习到的所有知识都得到最正确的记忆，学生在学习中必须要坚持几条原则。

1. 更少是为了更好

更少实际上是指我们应该从所有知识当中选择最重要和对自己帮助最大的进行记忆，这样能够避免那些不重要的知识对重要知识造成干扰，同时也能减轻大脑的负载程度，提高记忆效率。

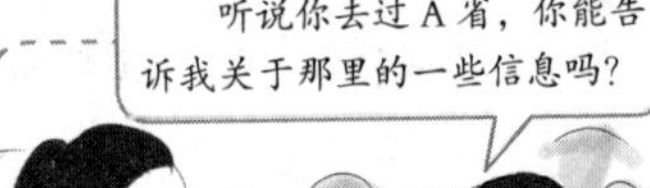

2. 不要害怕提问

提问就是向别人索要信息，它最大的好处就是可以减少对一些信息的加工步骤。

3. 保持注意力

保持自己注意力的集中、经常对学过的知识进行复习等活动，能够帮助我们更好地记忆学习过的知识。

这个实验说明，在国际象棋这个领域中，对于那些专业性的东西的记忆，大师们要明显好于新手。造成这种情况的原因，主要是因为大师在国际象棋这个领域中经历过的事情和见识过的套路非常多，他们懂得学习、辨认并且记住棋子的摆放位置，很多套路因为在他们的头脑中出现的次数多，已经不自觉地就记住了，所以在实验中，大师们进行的活动可能是回忆，而新手们进行的则是记忆活动，这种情况下大师们的表现当然更好。

实际上，不单单是在国际象棋这个领域中，在所有的领域当中，专业人士的记忆能力都会好于业余人士的记忆能力，大师们的记忆能力也都会好于新手们的记忆能力，这不仅是因为他们是专业的，还可能是因为他们有自己特殊的记忆方法。

其实在很多领域中，都需要出色的记忆。在这些领域中想要成为专家或者大师，就必须掌握专业的记忆方法。一般来说，身为专业人士或者大师，都能够在自己的专业领域很好地组织记忆，使自己达到别人不能达到的高度。或许下面说的方法并不是各个专业领域最好的方法，但是却是经过实践证明的、行之有效的方法。

比如说演员和导演，就必须要有专业的记忆方法。我们都知道，无论是演员还是导演，都必须有一个良好的记忆力，因为演员需要把剧本上的内容记住，才能顺利地演戏，好像还没有哪个演员在演戏的时候是一边拿着剧本一边说词的；导演同样也需要把剧本记住，这样他才能把一部戏拍好。虽然演员和导演需要记忆的内容是相同的，都是剧本，但是记忆的方法却是不同的。

曾经有一个演员，后来他也做了一名导演，他对人们讲述了作为一个演员和一个导演记忆方式的不同。据他说，在做演员的时候，他并不是像大家想的那样，需要提前把自己的对白记忆下来，而是在拿到剧本之后，在大脑中勾勒出自己饰演的人物的举止和个性。这样一来，整个剧本就变成了一个逻辑空间，无论是动作、感觉还是情绪，都具有了连续性，只要熟悉了这个空间，就根本不需要再去记忆剧本上的文字了。我们可以发现，这是一种情感记忆。实际上，大部分演员都承认自己并不是靠死记硬背来记住自己的角色和台词的。在转行成为导演之后，他又必须改变自己的记忆原则，这个时候他记忆的方式是在想象的空间中建立视觉坐标，同时在这个空间中加入各个拍摄场景需要的器材、声音等，这样一旦有些事物没有按照规定的程序运行，都能够及时发现。这实际上是一种视觉记忆以及由此引出的地点和图像记忆法。

神经科的医生，同样需要有一套自己的记忆方法。这是因为神经科医生在治疗过程有一定的特殊性。一方面由于神经科医生在对病人进行会诊的时候，花费的时间要长于其他科的医生，因为这类疾病基本上都很复杂；另一方面是神经科病人的病症基本都不是短期内能治好的，这需要一定的过程，因此医生必须要把自己的病人的病症以及治疗情况、恢复情况等全都记住。

一个比较著名的神经科医生讲述了他的记忆方法。他每个星期大概要接待 25 个病人，其中一部分是一个星期定期来几次，还有一部分是一个月来一次，这样就给他的记忆带来了一定的困难。为此，每次他在询问病人情况的时候都会做上一份详细的笔记，特别是在第一次询问的时候。在做了记录之后，他还会找时间对记录的内容进行复习，同时在对某个病人会诊之前，同样会复习一遍自己的笔记。这样就能够保证他记住所有病人的信息。他的这种方法，总结起来就是在最初要进行高强度的学习，随后有规律地进行复习，这样就能够提高记忆效率。

一些专业的餐饮服务行业的服务员也需要有良好的记忆，以及一些快速有效的记忆方法。

一位咖啡店的店主曾经说过，在顾客很多的时候，他就会把精神全部集中在声音和所发生的一切上面，自觉回避其他的干扰，这样他就能够记住大部分客人的需要，即使偶尔有忘记的时候，也会有一个声音在冥冥之中提醒他。他的这种方法被专家称之为运作记忆，就是在极短的时间内把信息都保存在大脑中。但是因为这种方式对各种形式的干扰都非常敏感，因此在使用的时候必须集中自己的所有精神和

◇ 餐饮服务行业需要快速记忆方法的原因 ◇

每一个行业有都一些特殊的记忆方法，一些专业的餐饮服务行业也是如此，为什么他们也需要快速有效的记忆方法呢？

1. 在顾客多的高峰时期，服务员基本上都是忙不过来的。每位顾客的需要各不相同，所有顾客的要求加在一起又非常多，这就很可能会造成服务员的记忆混乱。

2. 餐饮服务行业在高峰的时候都非常乱，这种乱主要是由于人多而造成的，这也会在一定程度上影响服务员的记忆。

这时候，找到正确的记忆方法，防止自己的记忆出现混乱，就十分必要。

注意力。

除了咖啡店主的这种方法之外，还有一些其他的记忆技巧和实用的方法，比如可以按照顾客所点的饮品特征将其分类，或者是按照客人座位的顺序对他们点的食物进行记忆等。

一些喜欢收藏的人同样需要有特别的记忆方法。他们需要把自己收藏到的东西全部都记住，否则很可能就会收集很多重复的东西，那将是对资源的浪费。那么应该怎么记忆呢？

一位集邮爱好者讲述了他的方法。他说他收藏了数千张邮票，这些邮票全部都完整地保存在他的记忆中，如果不是特殊的原因，他是不会买两张相同的邮票的。他记忆得这样清晰，一方面是因为他的兴趣就在这个上面；另一方面是因为在他小的时候，他的母亲经常给他讲述关于邮票上面内容的故事，而他也养成了习惯，每收集到一张邮票，都要仔细了解上面的故事，同时经常把已经收藏的邮票拿出来翻看一下，这才保证了他在收集邮票的过程中不出现重复的情况。

总之，任何领域都有其自身适用的记忆方法。如果想要进入某个领域，就应该了解并掌握这些方法，这样人们就能少受挫折，少走弯路。

词句文章，过目不忘

在学习中，我们经常需要记忆一些词句文章。比如上学的时候经常需要背诵李白的诗、苏轼的词等。我们会发现，很多人花费同样的时间，背诵同样的词句的时候，最后背诵的效果并不一样，有些人能十分流畅地背诵下来，有些人则只能磕磕巴巴地背诵下来，还有的人则干脆背不出来，这里面的主要原因就是人们对词句的记忆效果不同。流畅背诵的，说明对词句的记忆效果好；磕磕巴巴背诵的，说明记忆效果一般；至于那些没有背诵下来的，就说明记忆词句的效果很差。为什么会出现这样的差别呢？有些人可能看几遍就记住了，有些人却看了无数遍都记不住，这其中很重要的一部分原因是一些人使用的记忆方法不正确。

想要快速、清晰地记忆词句文章有一定的方法。

◇ 使用循环记忆法的注意事项 ◇

使用循环记忆法在记忆词句文章的同时，还能间接训练人们的记忆力。但是在使用时还是应该注意以下几点。

1. 使用这一方法一定要坚持适度的原则，一旦觉得吃力，就不能再继续增加记忆数量，否则会出现大脑疲劳或心理紧张的情况，反而会影响记忆力。

2. 即使学习了新的词句文章，也不能忘记复习之前记忆的内容，否则就忘了之前记忆的内容，之前所花费的工夫就全部浪费了。

第一，采用循环记忆法。

虽然词句文章并不能算是单个或零散的信息，但是仍然可以采用循环记忆法进行记忆，具体的做法就是把完整的词句文章拆分成很多独立的部分，随后一个部分一个部分地去记忆，并且不断进行复习。以诗歌为例，第一步是要把一篇完整的诗歌分成几节，首先从第一节开始记忆。第一天先一行一行地掌握第一节诗歌，一直到能够准确无误地背出来为止，最好做到一个字都不错，包括标点符号，也不要出现错误。到此为止，第一天的背诵就结束了。第二天首先复习一下第一天记忆的诗句，随后背诵第二节诗句，同第一节一样，依然要做到不能出现一点错误。然后要把第一节诗句和第二节诗句放到一起进行复习，这样做是为了能让两节诗句紧密结合在一起，免得最后背诵的时候出现前后连接的问题。第三天记忆第三节诗句，依然要做到不能出现一点错误，随后把前三节诗句放到一起进行复习，一直到能清楚记忆为止。这样坚持下去，每天都增加一节诗句，并且把新学的诗句和前面的放在一起进行复习，一直到记住整篇诗歌为止。最后，所有的诗句都已经被记住了，并且复习过很多遍，想要做到所有诗句脱口而出就并不是什么问题。

第二，发挥想象力，把词句文章同一幅生动的画面联系起来。

这种做法的好处就是可以让词句文章在人们的大脑中留下更加深刻的印象，使人们在回忆这些词句文章的时候更轻松、更容易。具体的做法就是选择一个能概括你需要记忆的内容的关键画面，随后利用想象力，把画面和你需要记忆的内容结合起来，最终加深你的记忆。使用这种方法时，有两点情况要注意：第一是必须要逐字逐句地回忆你记忆的内容，一旦出现顺序混乱等情况，很容易就导致遗忘；第二是最好要记住词句文章的作者，这能够加深记忆的效果，同时在联想的时候也更加方便。

第三，使用路线记忆法。

这种做法主要就是通过使用记忆路线，建立一个保留节目库，从而记住那些需要记忆的词句文章。之所以选择这样的方法，主要是词句文章等都是书面上的文字，因此可以把书店和图书馆作为记忆路线上的极佳地点。具体做法是设计出一幅把词句文章的作者和内容结合到一起的画面，然后将其存储在记忆路线上的某个点上，这样就能帮助我们很方便地回忆起词句文章。

第四，还可以运用关键词记忆法。

任何东西总会有重点，词句文章更是如此，其中包含着一些要点和关键词。我们在记忆的时候，很可能会因为紧张等原因导致自己想不起下面的句子，这个时候，如果我们掌握了一些要点或关键词，完全可以根据这些内容想起接下来的句子。当然，要点和关键词最好也储存在这个画面中，这样就可以把词句文章中的句子和储存着关键词和要点的画面联合起来进行记忆，这样回忆起来就相当轻松。

记忆词句的方法有很多种，但是人们不能盲目去选择，要选择最适合自己的方法。如果联想的方式适合你，你就可以选择后面的几种方法；如果你觉得联想这种方式不适合自己，那你就可以选择第一种方法，不断进行复习。

地理知识的记忆方法

想要彻底了解一个地方，首先就要知道这个地方的地理条件，这既包括气象、气候、水系分布、土壤结构、有无地质灾害等自然地理情况，也包括人口状况、经济状况、城镇分布、交通等人文地理情况。想要去一个地方出游，同样需要先了解那个地方的地理情况，包括气候和气象条件、各种地理风景、是否会发生地质灾害、当地各种风俗习惯等。由此可见，我们需要学习和记忆的地理知识是非常多的。但是，人们的精力是有限的，而且有限的精力还要应用到学习和记忆各种各样的知识当中。因此，为了快速记忆地理知识，同时也能把更多的时间放在理解和应用其他的知识上，建立一个快速有效记忆地理知识的系统就显得十分有必要。

想要建立这样一个系统，一个好的记忆方法必不可少。由于地理的特殊性，大多数地理知识都有真实、清晰的形态，因此最好的记忆方法就是发挥自身的想象力，通过联想的方式来记忆。

比如记忆一个国家的各种情况，就可以用联想的记忆方法。具体的做法是：第一步要为你想记忆的国家准备一个独立的区域，这个区域可以是你去过的这个国家的某个地方，也可以是你熟悉的一些地方，比如在你的房间中；第二步是把你想要记忆的各种数据进行分类，分别为不同种类的数据信息选择一个独立的想象图像，比如用苹果代表人口；最后一步是进行联想，假设你要记忆的那个国家有 8500 万人口，你就可以想象你来到了之前设定的区域，看到一个 1985 年出生的朋友正

◇ 记忆力对于地理学习的重要性 ◇

记忆力在人们学习地理知识的过程中起着重要作用。

1. 在学习、掌握和了解地理这门学科的过程中，大脑皮质能力会被广泛调用，绘制、阅读并理解地图、图片和表格时都需要一定的空间和分析思维。

2. 人们在进行某些活动时也离不开对地理知识的记忆，比如做实地调查、外出旅游等。

3. 地理是一门丰富的知识，山川湖泊、人口国家、地质灾害等，都包含在内。这么多的知识都要记住显然需要强大的记忆能力，只有用对了记忆方法，才能更好地学习地理知识。

在给大家分发苹果，这样你就能记住这个国家有 8500 万人口了。

如果想要记住一个国家的地形轮廓，也可以运用联想的方法，而且这种方法就是我们平时经常用的。比如我们记忆中国的版图时都会想到像一只雄鸡，而记忆意大利的版图时则会想到像一只靴子等。

使用联想的记忆方法，不仅能够记忆各个国家的大致信息，对于一些具体的信息，也能够进行有针对性地记忆，如记忆一个国家的具体地方，具体做法是：在记忆这个地方的时候，只要把它和这个国家联系在一起进行联想就可以。

当然，联想法并不是唯一记忆地理知识的方法，有一些具体的地理地点，也可以通过其他的方法来记忆，如地图记忆法。比如我们要按照从大到小的顺序记忆四大洋的名字，这时候我们可以先在大脑中建立一条道路，同时把道路分成四段，但是每段道路的长度要各不相同，随后，想象出道路两边的各种商店，比如最长的那段道路边上是太平洋超级市场，第二长那段道路边上是大西洋服装店，之后是印度洋风情小店，最后是北冰洋冰淇淋店。这样，我们不仅记住了四大洋的名字，同时也记住了它们之间面积的大小关系。

如果是记忆一些地理环境的具体数据，则可以采用代码记忆法进行记忆。比如说亚马孙河全长是 6277 千米，在这里就可以把 6277 这个数字转换成代码词，其中 627 转换成代码词是 junk（垃圾），7 转换成代码词可以是 goo（污泥），随后进行联想，亚马孙河漂浮着数量众多的垃圾和污泥，污染十分严重。这样，就能够记住它的长度。

博古通今，历史知识忘不了

很多学生觉得历史知识很难学习和掌握，因为历史包含着非常丰富的内容，有非常多的时间、地点、人物、事件等。但是不可否认，历史确实非常吸引人，有很多人能把那些海量的历史知识记住，对历史十分精通。之所以会出现有人历史学得好、有人历史学得不好这样的情况，归根结底是学习方法和记忆方法的差异所造成的，学不好历史的主要原因就是没有选择正确的学习方法和记忆方法。

一般来说，想要达到精通历史的程度要做到三点：阅读、分析和想象。

实际上，学习历史最理想的方法应该是退回到历史发生的那个年代，去亲身经历、体验和感受那些能让人铭记的事件。但是，显然我们没有任何人能做到这一点。因此，必须通过大量的阅读，以及对历史的分析和想象，把需要记忆的历史事件和人物转移到我们现实的生活当中，重建历史，这样才能更好地记住历史。

阅读是为了更好地了解历史。历史是一门非常严谨的学问，它全部是真实发生过的事实，这就要求我们在记忆的过程中不能出现一点错误。因此必须通过大量地阅读来了解历史。毕竟所有的历史都应该以史书上的记载为标准，至于以口口相传等其他的方式记载的一些历史，可能并不详尽，也可能并不真实，甚至可能被夸大。正如俗话说的那样："耳听为虚，眼见为实。"所以，想要真正了解清楚历史，为准确记忆打下坚实的基础，最好是要大量阅读历史。

分析是为了更好地理解历史。我们都知道，对一件事情理解得越清楚，记忆效果就越好，历史知识也是一样。比如一个历史事件，如果你只记住它发生的时间，可能无法记住整个事件，但是如果你对当时的政治、经济、社会等情况进行综合分析，或许就能找到这个事件发生的必然原因，这样在记忆的时候，都不需要刻意去记忆，只要能了解当时的一些情况，自然就能明白这件事情必然会发生。

至于想象，则是为了把我们和各种历史事件的距离拉近。历史毕竟是早已经发生过的事件，想要把历史转移到我们的生活中并且重建历史，就必须要发挥自身的想象力。通过想象让历史在我们的大脑里和心里面重现"复活"，否则历史终究也只能是书本上那一行一行的文字和资料。

想要重现历史，把所有的历史事件整合起来，并且了解历史事件以及人物之间的相互关系，最好的做法是发挥自己的想象，用自己熟悉的场景和人物来代替历史事件中的场景和人物。比如你想记忆一个历史事件，就可以用你熟悉的一个地方来代替这个事件发生的地方，用这个地方及其附近的建筑物来代替事件中那些标志性的地点，再把事件中的人物替换成你熟悉的一些人，这样只要记住一些具体的时间和这个时间有关的所有史实就都能通过想象，在大脑中轻易地重建出来。当然，因为事件中会出现许多的时间、人物和陌生的人名需要记忆，这些因素很可能会造成一些麻烦，因此在这种情况下可以恰当地使用记忆术，例如通过代码记忆法记忆时间等。

记忆方位的正确打开方式

想要去一个地方，很重要的一点是要知道那个地方在什么方位，从你所在的地方出发之后，朝哪个方向走，需要走多远，这些全都需要掌握。即便你是坐车、坐飞机去那个地方，依然要知道它所在的方位，要不然又怎么知道该如何乘坐交通工具呢？因此，记忆方位的能力对人们非常重要。

记忆方位的能力包括：识别地点；看见和找到地点的方向感；地理能力；回忆自己看见的道路、场景、地点和物体的位置。在记忆方位的能力方面，人和人之间有很大差别。有些人的方位记忆能力很强，对于地点、位置和方向等都有很强的直觉，从不会出现迷路等在方位和地点上迷失的情况，他们会记得曾经去过的地方，对于那些地方的空间位置记忆也相当清晰，就像是把一幅地图储存在大脑中一样；有些人则属于另一种极端，他们甚至在自己居住的地方都会经常迷路，根本记不住任何方向、位置和空间的关系，在陌生的地方更是没有一点方向感，甚至连刚刚去过的地方也记不住、认不出，更不用说之前去过的地方了。之所以会出现这么大的差异，主要是一些人没有使用正确的方法提高自己的方位记忆能力。

如果能够运用正确的方法，每个人都能够提高自己的方位记忆能力。

首先，要培养兴趣。对方位感兴趣的程度，决定人们对方位的记忆程度，兴趣越大，记忆越好。实际上记忆任何事情都需要对其有足够的兴趣。因此，在到一个地方之前，应该仔细研究一下地图，直到对其产生兴趣。到那个地方之后，也要仔细注意自己走过的每一条街道，每一个地标，每一样路边物体和建筑物，甚至是每一个道路拐弯处，就像是那个地方有一笔巨款等着你去拿，或者是你的爱人正在那个地方等你一样。这样，就会有充分的动力去记忆那个地方的方位。

其次，在产生了足够的兴趣之后，就要加倍注意旅途中的地标和道路的位置。很多人总是说自己记不住方位，那是因为他们在一个陌生的道路上行走时，从来就没有注意观察过道路沿线的各种事物。

为了尽可能地锻炼对方位的记忆能力，你可以走在大街上时，多走一些迂回的路线，尽量多地转弯，但是要注意自己的行走方向和整个过程，这样才能在大脑中顺利地把走过的地图再现。

还有一种办法能够帮助人们提高记忆方位的能力。具体做法是先在地图上面选择一条路径，随后在大脑中定下各个方向、街道的名字、拐角处、返回的路线等。在开始使用的时候，制定的路线可以短一点，之后随着熟练度的增加而逐渐增加长度。在路线制定之后，不看地图，按照设定的路线走一遍。在行走的过程中，还可以随时变化路线，同时把路线和大脑中的地图结合起来，使大脑中的地图不断完善，并且变得更加清晰。

这两种方法全都离不开人们自身对方位的兴趣，毕竟兴趣决定了注意力，而注意力又决定了关注的程度。因此，归根结底还是要提高自身对方位的兴趣，只要兴趣提高了，记忆方位的能力就会得到提高。

把自己的演讲内容铭记于心

演讲，就是当众讲话，对于很多人来说，这是一个非常重要的技能，比如说政客、单位的领导等。但是，当众讲话并不是他们这些人的专利，基本上所有的人，在一生中都会有当众讲话的经历。因此，这实际上应该是每个人都必须掌握的技能。

一般来说，人们在演讲的时候会出现两种问题：第一种是因为忘记了演讲稿中的某个词，从而忘记了这个词后面的所有内容；第二种是演讲稿中有一些比较难记忆的词语，结果因为在心里面总是担心自己忘记这个词，导致记忆短暂消失这种情况的发生，因而忘记了演讲

◇ 学会观察道路周围 ◇

想要准确地记住街道等位置方位，我们走在道路上时，一定要仔细观察周围。

1. 平时走路时，可以在某个十字路口或街角停留一下，看看那里的地标、大致方向和相关位置等。一定要把这些信息牢牢地保存在大脑中。

2. 还可以用笔把自己看到的这些东西画出来，尽可能地画细致一些，最好先在大脑中确定一个方向，在画图时进行参照，并且对大致的方向、街道的名字以及主要建筑物都要进行标注。

3. 只要我们在走路的时候注意自己走过的各个街道的名字，并且能在头脑中的地图上标注出来，长期下去，记忆方位的能力就会得到提高。

的内容。从这里来看，人们之所以不具备当众演讲的能力，问题基本上都出现在对演讲稿的记忆上。因此，只要找到正确的方法对演讲稿的内容进行记忆，就能够解决人们不敢当众演讲的问题。

那么究竟应该怎样记忆演讲内容呢？

第一步，把需要演讲的内容分段。首先是要把演讲的过程分段，这个过程一般会分为三段，即开场白、内容、总结；其次是针对演讲的主要内容分段，可以按照实际演讲的内容进行划分，但是人们一般都会把内容分为三段、五段或者是六段，基本不会超过六段。在这样分段之后，我们就可以根据每个段落的重要程度来分开进行记忆，这样就会方便很多，比如开场白和总结，我们就不需要花费太多时间去记忆，而主要内容可以多花些时间去记忆。

第二步，找到每段的关键字或者是关键词。在把演讲内容分段之后，我们就可以根据每段的主要内容，提炼出各段的关键字或关键词。在这里，如果害怕记不住，我们还可以把关键字和关键词与一些具体的实物联系起来，用具体的实物代替关键字或关键词，这样在演讲的时候就可以通过这些实物来提醒我们想起演讲的内容。

第三步，把关键字和关键词整理成提纲。当我们把每段的关键字或者关键词总结出来之后，自然就会形成一个关于演讲稿的提纲，只要我们记住这个提纲，记忆演讲内容就会更加轻松。

第四步，发挥想象力。在前三步都结束之后，我们需要记忆的东西已经大致被总结出来了。在这种情况下，我们就需要发挥自己的想象力，时不时回忆一下段落、关键字和提纲等，这样能避免遗忘，进而加深我们的记忆。

第五步，朗读演讲稿。当我们通过想象记住演讲的大致内容和顺序之后，可以选择对完整的演讲稿进行朗读，朗读能够加深演讲内容在我们大脑中的印象。在朗读的过程中，随时发挥想象力，把朗读的内容和演讲稿的提纲进行结合。这样朗读，想象，再朗读，再想象，反复循环，很快就能够把演讲内容记住。

通过上面的五个步骤，我们应该就能够把演讲的内容记住。但是，究竟能达到什么样的记忆效果，还要根据演讲稿的实际情况。如果是枯燥无味并且没有条理的演讲稿，可能需要我们花费比较长的时间才能记住，如果是十分有条理的演讲稿，记忆起来就会非常容易。

那么如何制作出有条理、方便记忆的演讲稿呢？

第一点，列提纲。就是列出演讲稿中应该有的主要内容，使得演讲稿有一条清晰的线索和主线，这对于我们的记忆会有很大的帮助。

第二点，把提纲中的内容部分详细划分成几点，这样提纲的条理会更加清晰，提纲的主要内容会更明确。可以避免因为在制作提纲时的无条理导致记忆的困难。

第三点，讲故事。在制作出提纲之后，我们需要做的是把我们演讲的主要内容添加上去。这样，一个演讲稿就相当于完成了。但是，这个时候的演讲稿还并不算完整，因为其中的内容一定都是理论方面的东西，让人难以理解，听众在听的时候很可能会昏昏欲睡。因此，我们应该准备一些具体的故事或案例加入到演讲稿的主要内容中，一方面丰富演讲稿，另一方面也使演讲稿变得更能吸引人的兴趣。这样我们记忆起来就会轻松很多。

总之，只要有一个条理清晰、能让人产生兴趣的演讲稿，再结合我们前面所说的记忆方法，记住演讲的内容根本就不成问题。

记住一连串数字的方法

数字记忆法并不是利用数字记忆信息的办法，而是指一种用于帮助人们记忆各种各样数字的办法。

日常生活中，我们经常需要和数字打交道。很多时候，一些重要的数字要求人们必须要记住，比如一些对自己很重要的人的生日，再比如各种纪念日、节日和一些重要的日子等。而且像是这样和日期有关的数字，在自己必须记忆的数字中应该算是比较短的，还有一些比较长的数字同样需要记忆，比如电话号码、身份证号码、银行卡号码及密码、车牌号码和某些网站注册的账号或密码等。

数字本身是单调的，如此多需要记忆的数字，有些人可能听起来

◇ 造成演讲忘词的原因 ◇

在现实中，很多人明明已经准备好演讲内容，却在当众演讲的过程中会出现忘记演讲内容的情况，也就是我们常说的忘词现象，那么，是什么原因造成这一情况呢?

1. 对自己没有信心

没有自信的人往往会妄自菲薄，认为自己不能够讲好，自己都缺失信心，忘词也就不可避免了。

2. 害怕

当众讲话的时候下面一定会有很多人，可能有几百双眼睛盯着演讲的人，这样就给台上演讲的人造成很大的压力，进而产生恐惧的心理，害怕自己忘记之前记住的演讲稿的内容，越紧张害怕就越容易忘记。

其实只要在演讲的过程中保持平常心，把演讲稿从头到尾顺利地背诵出来。这样演讲就能非常完美地结束了。

就会头疼，更不要说想办法去记忆。可能会有人认为，没有人能够在单调的数字方面表现出非常好的记忆力。但是实际上并不是这样，历史上很多著名的人，都表现出了超强的数字记忆能力。比如著名的天文学家赫歇尔，他能够记住在进行天文运算的过程中所用到的所有数字，包括小数点后面的数字，而且还能够把复杂的数字运算放在大脑当中进行，并把结果直接口述给他的助手，据说他曾经花费了半天的时间记住了 75000 多个数字，以及这些数字相互之间的关系。著名的数学家瓦利斯，在数字记忆方面同样是天才式的人物，不论数字有多么长，他都能够凭借自己的记忆，将数字开平方根到小数点之后的第四位，据说有一次他凭借自己的记忆将一个长达 30 位的数字开取了立方根。再有就是著名的数学天才卡尔伯恩，他在数字记忆方面算得上是最杰出的一个，据说他能够瞬间进行分秒的计算，有一次，他瞬间就算出了 48 年的时间到底有多少分和多少秒，他还能够快速得到两个一到三位数相乘的结果、任何 6 位数和 7 位数的因数以及任何数字的平方根、立方根以及质数。

在现实生活中，很多人都对记忆数字有一定的抵触心理，觉得自己根本就记不住那么多的数字。这种担心是完全没有必要的，人们应该能够发现，很多数字都已经被我们在不知不觉中就记住了，比如说自己和父母的生日、自己和父母的电话号码、银行卡号码和密码、QQ 账号以及一些重大的节假日等。严格意义上来说，人们其实并没有刻意去记忆这些数字，但是它们却仍然储存到了人们的记忆中，这主要是因为这些数字和日常生活有着非常紧密的关系，经常会被用到，所以人们才能记忆深刻。事实上，任何一种和日常生活紧密相关的事物，或者是生活中经常用到的事物，记忆起来都非常的方便。但是，在日常生活、工作和学习中，有很多数字对于人们来说不是常用的，但是非常重要，必须要记忆，这时候要怎么办呢？或许有人会说可以死记硬背，这的确是一种解决的办法，在需要记忆的数字少的时候或许还可以，一旦数量多了起来，这种办法并不能彻底解决问题。因此，必须要找到一定的科学方法才可以。

大多数人之所以对记忆数字不感兴趣，记忆数字困难，主要是因为一些数字没有任何的意义，这就像你走在大路上看到路的两边种满了树一样，对你来说没有任何的意义，你当然不会去记忆它们。但是数字又和路两边种的树不一样，树是以一种视觉图像的形式进入到人们大脑中的，即使人们不去刻意记忆，它也能短暂存储在人们的记忆中，甚至是变成长期记忆，数字却不行，数字根本没有办法形成视觉图像，因此记忆数字远比记忆视觉图像和听觉形象要困难得多。

既然人们记忆视觉图像和听觉形象，要比记忆单纯的数字简单很多，那么把数字和人们的视觉图像和听觉印象联系起来，用来帮助人们记忆，当然是一种记忆数字的好方法。这种方法就是把数字转换成人们自己熟悉的、特定的视觉形象代码或者是听觉形象代码，由于任何数字都是由 1、2、3、4、5、6、7、8、9、0 这 10 个基本数字组成的，因此这种方法其实就是把 1、2、3、4、5、6、7、8、9、0 这 10 个数字，用其他的人们能记住的形象来代替，比如说 1= 房子、2= 汽车、3= 水杯、4= 电脑、5= 书、6= 衣服、7= 椅子、8= 香烟、9= 打火机、0= 口香糖，随后根据数字的具体组成情况，运用自己的联想，把代替数字的形象按照数字组合的顺序连接起来，组成一个词语、一个句子或一段话，比如说 26 个数字，就可以想象成“汽车穿上了衣服”。这样，由于用视觉图像代替了枯燥并且无意义的数字，使得这个数字也能够在大脑中形成一个形象，对人们记忆数字有很大的帮助。

当然，具体用什么样的视觉或听觉形象来代替数字，并不是固定的，这需要人们根据自己的喜好、专业等实际情况而确定。另外，把数字转化成形象，并不局限于只能转化一位数的数字，在人们需要记忆一些非常长的数字的时候，也可以用视觉形象来代替两位或者是三位数的数字，这需要根据实际情况去选择。

关联法也是记忆数字的好方法，只不过因为各种条件的限制，关联法主要是用于记忆一些特别的数字，这需要根据可以关联到的内容来决定。比如一个人住的地方的门牌号是 119，如果怕记不住，就可以根据火警电话来记忆，再比如可以根据中华人民共和国成立的时间记住 1949 年，可以根据北京奥运会记住 2008 年等。

快速准确记住外语的方法

外语记忆法是人们学习外语时需要用到的记忆方法，它能够加强人们对外语的记忆，提高人们学习外语的效果。

现如今，以英语为代表的外语，越来越多地进入到了人们的生活当中，比如很多工作职位的要求中有英语四级或者是英语六级，很多人需要经常和外国人接触，很多外国的产品进入到了中国的市场，很多外国的信息需要人们翻译过来之后才能够在中国传播等，这些都要求人们应该对外语有一定的了解，甚至是要学好一门或是多门外语。

或许有人会觉得学好外语并不难，比如说学习英语，有很多人就能够在英语考试中考一个很高的分数，但是这并不代表就学好英语了，如果让他们去和外国人对话，他们不一定能够做到和外国人顺畅地交流，这就不能说是学好了外语。真正学好了外语，是指能够用外语和别人熟练地进行交流，就像是我们用汉语和别人交流一样，这种程度显然大多数人都做不到。

究竟是什么原因，造成了人们学习外语时的困难呢？

首先，外语和我们的母语没有任何关系。大家都知道，汉语是由“横、竖、撇、捺”等组成的，而外语却是由“a、b、c、d”等字母组成的。就比如说“你好”这个词，我们中国人说的就是“你好”，而外国人说的可能就是“Hello”，这两个词的意思虽然是一样的，但是从外表上看却没有一点相同的地方，字形不同，组成的方式也不同，如果不知道这句外语的意思，可能没人会把这两个词联系到一起。联系是人们记忆一些信息的最重要的方式和方法，我们从小开始学的是汉语，多年以来，说的也是汉语，突然之间学了外语，却发现外语和汉语之间没有任何联系，当然很难被人们记忆。

其次，发音不同使得人们无法掌握一些词汇。我们从小到大学的都是汉语，发音也全部是按照汉语拼音的规则，早已养成了习惯。但

◇ 如何轻松记忆数字 ◇

对于大多数人来说，数字的记忆是十分困难和枯燥的，想要轻松记忆各种数字，并不是运用正确的记忆方法就可以，还要做到以下两点。

1. 培养对数字的兴趣

“兴趣是最好的老师”，培养出对数字的兴趣，只有这样，才能真正提高记忆数字的能力。

2. 不断练习

没有练习，再浓的兴趣也不会真正有助于人们记忆。因此，想要真正地记住数字，必须要对数字有一定的兴趣，同时还要运用一定的方法，并且经常练习。

如果能做到以上两点，再配合正确的数字记忆方法，记忆数字对人们来说就完全不会成为问题。

是相同意思的外语和汉语，发音却有非常大的不同，导致人们很难记住外语的发音。另外，最初学习外语的人，甚至有可能会按照汉语拼音的形式去拼读外语，这同样会导致外语发音的错误。大家都知道，学习一种语言最开始和最重要的都应该是说出来，就像我们学习汉语都是先学发音，然后才能学习其他的方面，如果连发音都弄不清楚，又怎么能学好外语呢?

最后，外语代表的不单单只是一种语言，它还代表着其他国家居民的思维方式、生活方式、行为以及各种观点。很多时候一句话是可以用不同的方式表达出来的，不同的人，即使表达同样一种观点，同样可能用不同的方式，这些可能是由于人们所处的环境、思维方式或者是生活的方式不同造成的。我们和外国人在这方面就有很大的差异，我们的一些行为在外国人看来可能会无法理解，外国人的某些行为在我们看来可能也莫名其妙，这种差异全部都会体现在语言上。因此也导致我们按照自己的意思去说外语时，外国人可能会理解错误或者不能够理解。

做任何事情的过程，其实都是一个发现问题和解决问题的过程。既然已经找到了我们学不好外语的原因，那么接下来就是找到一个正确的方法，解决问题，帮助我们学好外语，这样就用到了外语记忆法。

第一，人们在学习外语的时候，应该及时进行形象联想。

联想能够有效地提高记忆效率，形象联想能够把我们学习到的外语和所要表达的意思迅速联系起来，使人们快速理解外语的意思，超越从外语到我们的母语的翻译过程。我们都知道，人们充分理解的信息，要比那些没有被理解的信息更容易记忆。如果我们能准确理解外语表达的主要意思，学习外语也就更轻松。但是，在使用形象联想的方式记忆外语时，有一个重要的要求，就是要时刻记住外语的读音，毕竟外语的发音和我们母语的发音有很大的区别。人们在记忆外语时，使用形象联想的具体方法是：把所学的外语，想象成一个具体的形象，并且尽可能准确地重复外语的发音；想象一个场景，将自身置于场景当中，身体要做出与外语所表达的意思相应的姿势，同时嘴里要不停地念我们所学的外语。

第二，学习外语的时候要专心致志。

所谓专心致志，指的是把精力都集中在一件事情上面，聚精会神，不能有半点马虎。这里的意思是说在学习外语时，要把所有的精力都集中在外语词汇的含义和外语句子的结构上。外语词汇的含义和外语句子的结构，是人们学习外语时必须要掌握的，它可能包含着很多信息成分，也可能和我们学习过的知识有很密切的联系。因此在学习外语的时候必须专心，时刻准备把外语词汇或句子结构与人们大脑中已经记忆过的知识联系起来，帮助人们记忆，这样会对学好外语或者同时学好几门外语有很大的帮助。

第三，要养成把外语的发音和我们母语的发音联系到一起的习惯。

学习一门外语，最重要的就是能够把语言表达出来、说出来，因此掌握外语的读音是十分必要的。在学习外语时，每当听到一个新的单词的发音时，在母语中找到一个发音相同或相似的字，把两者结合在一起，是掌握外语准确发音的重要办法，这种方法能够显著增强人们对外语的记忆能力。这种方法经常会被用到，甚至可以说这是初学者运用的最熟练的方法，比如在最开始接触英语时，就有很多人都会用汉字来表示英语单词的读音，以便使自己记住外语的读音。

第四，要学会分析。

分析主要是为了弄清楚要学习的外语词语在一篇文章中所表达的意思，然后用自己熟悉的方式编一小段故事，把要学习的词语全编到故事中，以此来帮助人们记忆。越是熟悉的方式，人们记忆得就越快。

第五，要进行科学的复习。

复习是巩固记忆的必要条件，想要让单词长期记忆在自己的大脑中，就必须经常对单词进行复习。当然，复习也需要科学合理的方法。首先，要合理安排复习的时间。记忆的遗忘规律表明，信息的遗忘速度是先快后慢的。新学的单词如果不及时复习，几个小时内就会很快遗忘，随后遗忘的速度才会减慢。因此，必须要掌握好复习的时间，比如你周一晚上的8点记住了一些新学的单词，那么在10点的时候要复习一次，随后在周二早上要复习一次，周四复习第三次，周日需要复习第四次。这样安排才能使你对单词的记忆达到最好的效果。其次，科学合理地复习并不是简单地机械重复，而是需要在分析的基础上，得到新的体会，并且加入个人思考，把新知识和旧知识更好地结合起来，这样才能达到最好的复习效果。比如我们学习一个单词，在复习的时候并不是不停重复读这个单词，可以给它加上前缀或后缀，也可以放到句子中，这样我们的记忆会更深刻。再次，要把识记和回忆结合起来。识记是把新单词储存到记忆系统中，而回忆则是把单词从记忆系统中提取出来，是识记的逆向性过程。将识记和回忆结合起来复习，效果会更好。一方面，如果回忆成功，就巩固了已经记忆的单词；另一方面，如果回忆不成功，也可以迅速找到薄弱的环节，重新进行记忆。最后，选择正确的复习方法和方式。比如可以采用集中复习和分散复习相结合的方法，也可以采用循环记忆法或其他的方法，这样复习效果会更好。

精通九国语言的辜鸿铭

古往今来，不乏记忆力超常者，辜鸿铭就是其中一位，他精通英语、德语、法语、希腊语、拉丁语、马来语等九种语言，被国际社会誉为语言天才。作为天才的辜鸿铭不仅拥有过人的天赋，还拥有一套他自己独特的记忆方法。

辜鸿铭10岁时，他的义父——布朗，在课余时间教他学德文，布朗告诉辜鸿铭，要想学好德语，就要和他一起熟背歌德的长诗《浮士德》。在接下来的日子里，两个人说说笑笑，一边表演一边朗诵，非常轻松有趣地背完了《浮士德》。虽然背完了，但是辜鸿铭完全不知道《浮士德》里讲的内容是什么意思，直到第二年布朗才开始给他讲解《浮士德》。慢慢地，辜鸿铭明白书里面的意思，也一直没有间断《浮士德》的背诵，到最后真可谓“倒背如流”了。从此，辜鸿铭开始了他的“背诵之路”。莎士比亚的37部作品，辜鸿铭不到一年的

◇ 学好外语的三点小技巧 ◇

在全球化的今天，外语的学习显得越来越重要，那么，在日常生活中我们怎样做才能学好外语呢？

1. 要多进行实践，保证外语的熟练程度

如果学习外语之后长时间不运用，人们就很有可能忘记。因此，想要记住，在平时一定要多说。

2. 要有一定的感情投资

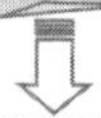

这里所说的感情投资，指的是在条件允许的情况下，可以和外国友人建立良好的关系，这样既能多使用外语，也能在互动中提升外语运用能力。

3. 培养学习外语的兴趣

一定要增加自身学习外语的兴趣，否则无论多有利于记忆外语的记忆方法，都不能产生任何的作用。

时间就能够全部背诵了。

1872年，辜鸿铭进入爱丁堡大学学习英国文学，同时辅修拉丁文和希腊文，他立志要把图书馆所收藏的有关希腊和拉丁文的文学、历史、哲学名著通读一遍。可是后来，由于辜鸿铭记忆力超乎常人，他原来计划的通读变成了背诵。

辜鸿铭是个记忆天才，他在少年时代所背诵的诗歌，终生不忘。现代著名女作家凌叔华，曾亲耳听过年过花甲的他背诵《失乐园》——弥尔顿的那首6100多行的无韵长诗，背完后居然一字不错。辜鸿铭的英文造诣“中国第一”。另外，他还即兴用德语做过充满激情的精彩演说，其他如法语、希腊语等，辜鸿铭使用起来也是游刃有余，就连快要失传的拉丁语，使用起来也不在话下。

那么，这样的天才是怎样炼成的呢？仅仅是天赋异禀吗？

辜鸿铭学习语言的方法，以一个“背”字开始，从《浮士德》到莎士比亚的戏剧，再到后来卡莱尔的《法国革命》，他都能倒背如流。他晚年曾对人说：“其实我读书时主要的还是坚持‘困兽而学之’的方法，久而久之不难掌握学习艺术，达到‘不亦说乎’的境地。旁人只看见我学习得多，学习得快，他们不知道我是用眼泪换来的！有些人认为记忆好坏是天生的，不错，人的记忆力确实有优劣之分，但是认为记忆力不能增加是错误的。人心愈用而愈灵堂！”

◇学习语言的方法◇

像辜鸿铭这样的天才是怎样炼成的呢？仅仅是天赋异禀吗？

1.学习语言的方法，以一个“背”字开始。

2.多背书是有好处的，不仅可以丰富自己的学识，增长见识，还能提高记忆能力，这对于语言的学习来说是一个极佳的方法。

第九章

着眼身边事，让过目不忘在生活中闪光

记些逸闻趣事，愉悦你我他

在日常生活中，人们经常会为了调节气氛或逗别人开心而讲一些逸闻趣事。当人们的逸闻趣事讲完之后，紧张的气氛会变淡，不开心的人也会变得很开心。但这只发生在人们把这些逸闻趣事讲述成功的情况下，很多时候，逸闻趣事的讲述可能不会成功，这就会导致本来挺好的气氛变得不好，尴尬的气氛变得更尴尬。这种情况究竟为什么会产生呢？又应该怎样解决呢？

产生这种情况的原因主要有两种：第一种是听众的笑点太高，你说的逸闻趣事不能让他们产生兴趣；第二种是因为你自身对逸闻趣事记忆得并不清楚，忘记了主体部分，只讲出了一些细枝末节和不主要的部分，这种不完整的逸闻趣事当然不会让别人产生兴趣。

笑点太高这种情况很好理解，就是说能够让你发笑的事情并不一定也能让别人发笑。比如说“一个人被狗咬了，特别惨”，你听了这件事情可能会觉得很好笑，觉得一个人居然能被狗咬，还咬得那么惨，这个人真可笑；但是别人听过之后可能觉得一个人被狗咬是一件正常的事情，社会上经常会发生这样的事情，同时被狗咬得特别惨也是一件很正常的事情，这种事没什么可笑的。这就是因为笑点不同的原因。如果你讲的逸闻趣事没有活跃气氛和引起别人发笑，是因为别人笑点过高的原因，那就没办法了，这属于是特殊原因，是人与人之间的不同所造成的，如果想要让别人发笑，只能下次讲一个能刺激别人笑点的逸闻趣事了。

因为对逸闻趣事记忆得不清楚，从而导致自己讲的时候不能活跃

气氛，同时不能引人发笑这种情况，发生的概率更大一些，可能所有人都碰到过这种情况。

基本上，每个故事都有一条主线，或者是一个或几个关键点，去掉这些东西，故事就只能变成平淡无奇的叙述，不能勾起任何人的兴趣。就像故事《丑小鸭》，它的主线是丑小鸭变成白天鹅，去掉这一点，这个故事根本没有任何吸引力，就会变成丑小鸭受排斥，同类们都讨厌它，它很自卑，因为它和别的鸭子不一样，它很丑。这些东西讲出来有什么意义，难道是为了让丑小鸭诉苦吗？按照正常的思维去思考，它自身的实际情况，导致了它的遭遇，这是正常的因果关系，根本就没有吸引人的地方。但是加上它变成白天鹅就不一样了，不仅让故事变得更有吸引力，同时也更有意义了，它告诉了人们只要努力，就总会有被别人羡慕的一天。这样才是一个有吸引力的完整故事。

只要记住逸闻趣事中那些重要的部分，就不怕别人不被你讲的事情吸引。哪怕是你只记住了这些重要的部分，对于那些不重要的根本没记住，只能靠自己编，这也没有任何问题。

因此，要把逸闻趣事记忆清楚的办法非常简单，那就是记住事情的重要部分，包括事情的主线或者关键点。只要把这些东西记忆清楚，其他的可以根据这些部分进行联想，也可以自己随意发挥。

例如，有这样一则逸闻趣事：一个人对写小说很感兴趣。一次，他碰到了一个著名的作家。他鼓起勇气对作家说："我对写小说很感兴趣，但是有一个问题不明白，想向你请教一下。你能告诉我一部小说应该有多少字吗？"作家觉得这个问题莫名其妙，但还是回答了他："这个要根据小说的具体情况来定，一般来说，一部短篇小说大概只需要 7 万字就够了。"这个人显得非常激动，对作家说："您的意思是，只要有 7 万字就是一篇小说了吗？""是的。"作家回答。这个时候，这个人突然激动起来："哦，太好了，我的小说终于完成了。"作家惊呆了。

如果要记住这个故事，那么只要记住它的精髓就行了。整个故事讲的最重要的事情就是小说，如果扩展一下，有 7 万字就相当于是一部小说了。我们只要记住这两点，再记住一些其他的线索如作家、写小说等，就完全可以回忆起整个事情，并且不会丢掉重点部分；如果没有记住那些线索，根据我们记住那两点重新编一个故事也完全不是问题。反正讲述逸闻趣事的主要目的是让人感兴趣和开心，并不是单纯记忆这个故事。

琐事记不好，烦事少不了

在日常的生活中，人们总是无法避免和各种琐事打交道。虽然有时候这些琐事看起来并不是多么重要，也不会引起人们的特别注意，但是一旦忘记，必然会给人们带来一些烦恼，甚至是更严重的后果。比如说明明家里没有盐了，但是在做菜的时候才发现忘记买了，这时商店又关门了，没有其他办法只能吃一顿没有放盐的菜，这对于那些对饭菜要求高的人来说，是一件很痛苦的事情；再比如早上出门的时候忘记关闭水龙头了，结果晚上回来发现自己家被淹了，连带着楼下的住户也遭受了水灾，这同样会给人们的生活造成一定的影响；还有托别人从外地买了一些自己很喜欢吃的食物，因为舍不得吃，于是就收着放了很久，直到再次想起时才发现已经过期，不能再吃了，这时候人们也会感到懊悔。

实际上，这种对于琐事的遗忘现象，是完全可以避免的。只要我们能够运用一些正确的记忆方法，就可以杜绝琐事的遗忘而带来的烦恼和各种影响。那么究竟该怎样记忆日常的琐事呢？

在日常生活中，人们会忘记的琐事种类有很多，主要包括忘记某些物品摆放的位置、忘记做某件细小的事情、忘记和别人约好的时间和地点以及一些其他的琐事等。对不同种类的琐事，想要避免发生遗忘现象，需要的记忆方法也是不同的。

第一，忘记某些物品摆放的位置。

当我们急需要用到某件自己拥有的东西时，却发现完全不记得自己把它放在哪里了，这种事情经常都会发生。比如我们修理物品时需要用到的钳子等工具，经常就会找不到，这时人们就会感觉很着急。这种情况的发生，通常是因为人们不经常用到这些物品，所以根本就不重视它们摆放的位置。想要解决这个问题，必须要按照正确的方式记忆物品的摆放位置。

首先，要树立自信心。这里的自信心并不是要求人们必须记住物品的摆放位置不可，而是说当人们在这上面吃过一次亏之后，要告诫自己下次一定不要再出现这样的情况。所谓“吃一堑长一智”，必须

◇ 忘记琐事的破解方法 ◇

人们生活中必须要做的琐事太多，导致人们经常会忘记一些小的事情，对人们的生活、工作和学习都会产生一定的负面影响。那么如何解决这一问题呢？

1. 要让这些事情变得可视化，也就是要求人们及时对事情进行回想，或者多进行联想，可以把所有的事情放在一起联想，也可以单独进行联想，这样方便人们回忆。

2. 可以借助辅助工具，比如笔记本、小纸条等，把一些重要并且容易忘记的事情记在上面，同样能达到避免遗忘的目的。

总之，只要能够找到正确的记忆方法，对于生活中日常琐事的记忆完全不会成为问题。

要接受教训。同时，也是树立一种任何事物都能记住的信心。

其次，对于家中的各种物品不要随意摆放，要根据物品的种类，分门别类进行摆放，这样只要找到同类物品，就一定能找到自己需要的物品。物品的种类是多种多样的，比如说钳子、螺丝刀等属于工具类，银行卡、身份证等属于重要物品类，衣服、裤子等属于服装类，等等。对于不同种类的东西，一定不要随意放在一起，而是按照各自种类，找到一个最适合的地方摆放，而且在每次用过之后不能随处乱扔，必须要按照原来的位置重新放回去，这样就再也不会因为找不到某些物品而苦恼。

最后，一些比较贵重的物品，可以通过有意识地联想进行记忆，或者和一些不经常移动的固定物品放在一起，甚至可以做上标记。比如说户口本、房产证、存折等重要物品，可以用袋子把它们装在一起，同时做上一些标记，放到一个固定的地方，这样就不会再出现遗忘的现象。

第二，忘记做某件细小的事情。

一个人每天必须要做的事情是很多的，其中会包括一些比较重要的事情，同时也会包括一些比较细小的事情。但是，人们经常出现的状况是重要的事情做了，并且得到了一个完美的结果，而那些细小的事情却想不起来，忘记去做了。比如说一个人一天要做两件事，一件是去银行办理一件重要的业务，还有一件是下班回家时买一袋盐，对于这种情况，很多人就会把在银行办理业务这件事情处理得很好，对下班回家买盐这件小事却忘得一干二净，结果就导致晚上吃菜只能吃淡的了。很多时候人们会告诫自己这件小事第二天不要忘记，但是到了第二天还是会忘记，这种情况该怎么样解决呢?

对于这样的情况，解决的办法主要有三种。第一种是在前一天晚上，做好第二天的计划，并且把所有事情编上序号，第二天按照序号一件一件去做，有条不紊地进行，就不会发生遗忘。这种做法能够牢牢地抓住做事情的主动权，不会因为事情太多而忽略一些事情。第二种是把事情按照时间顺序或重要程度顺序，进行一些奇特的联想，通过自己的联想来指引自己去做所有的事情。第三种办法就是把所有要做的事情都记录在一个笔记本上，经常拿出来看看，这样就不会忘记某些事情。当然，这第三种方法有一些缺点，比如说需要人们经常把笔记本拿出来查看，但是人们却不一定有那个时间，还有就是笔记本容易丢失或忘记携带等。如果前两种方法实行起来比较困难，那这就是最简单的方法。

第三，忘记和别人约好的时间及地点。

社交活动是人们生活中不可缺少的，我们经常会和同学、同事、朋友等约好一起去做一些事情，比如说吃饭、看电影等。但是有些时候，因为工作忙等原因，人们很可能会忘记这样的约会，等到约会时间已过，再次和朋友见面或者打电话被朋友询问原因的时候，就会显得非常尴尬，因为这样的事情使朋友之间的友情产生裂痕也不是不可能。那么我们该如何避免这样的事情发生呢？最好的方法是对时间和地点进行联想。必须要在约定了时间和地点之后马上进行联想，比如说朋友约你周末去吃饭，你就可以想象成你家门口就是饭店，一出门就能闻到一股非常香的味道，同时你的朋友站在日历上，手指着周末那一天，瞪大眼睛看着你，这样你就会想到自己和朋友约了那天吃饭。当然，如果这种方法你觉得实施起来有些困难的话，还可以用笔记本记录下来，但是一定要保证经常翻看并且不能丢失。

读书，对书籍的内容过目不忘

高尔基曾经说过：“书籍是人类进步的阶梯。”从中可以看出书籍的重要性。我们确实离不开书籍，比如学习新的知识，需要从书籍上面获得；了解历史事件，需要从书籍上面了解；想要知道一个人的思想和观点，可以从他所写的书上得到；想要进行消遣娱乐，也可以去看书；想要给别人讲一些专业的内容，也需要先从书籍上看到并记住，然后才能给别人讲。或许可以说，书籍已经和衣食住行一样，融入到了我们的生活中，成为人的一生中必不可少的一件东西。

书籍很重要，但是对书籍中内容的记忆更重要。

首先，书籍中的知识对我们来说是非常重要的，它能够为我们遇到的各种问题提供解决的办法，如果不记住这些东西，那我们碰到问题的时候应该怎么解决呢？或许有人会说可以等碰到问题的时候再去书中寻找，可是谁能保证我们有机会去寻找呢？

其次，各种各样的书是有很多的，我们在解决问题的时候需要用到的书也是很多的，毕竟我们解决问题时需要用到的知识，不可能都是集中在一本书上，它会分散在很多本书中，在这种情况下，如果我们不把书籍中的内容记住，难道还要每时每刻都在身边带着无数本的书吗？

很多人也确实碰到了这样的问题，自己在读过一些书之后，发现自己根本就没有记住书中到底写了什么内容，有时候也会出现把一本书中的内容，安在另一本书上讲的事情，那么究竟为什么会发生这样的情况呢？

我们先要明白一点，那就是我们的记忆力没有任何问题，不存在天生记忆力就不好的情况，我们必须在这个原则的基础上，去讨论我们为什么记不住书籍中的内容。

第一，兴趣问题。

我们都知道，对某件事情兴趣的大小，决定了对这件事情的记忆究竟是不是深刻，兴趣大，记忆自然就深刻。而我们记不住书籍中的内容，和兴趣有很大的关系。一方面，是人们对读书本身兴趣不大。这种情况下，一般是不会主动读书的，即使读书也就是一个走过场，根本就不会在意书中到底写了一些什么东西，又怎么能够记住呢？另一方面，是人们对书籍中的内容不感兴趣。一般来说，在这种情况下人们可能在读了几页之后，就不再读了，但是有些时候我们不能跟着自己的兴趣走，现实可能会逼迫我们必须去读我们不感兴趣的书籍。但是毕竟不是自己喜欢的，就算被迫记住一时，过一段时间也会忘记。

第二，读书的目的问题。

每个人读书的目的是不同的：有人是为了学习知识，有人是为了应对考试，有人是为了完成任务，也有人就是喜欢读书。目的不同，对书籍中内容的记忆程度自然就不同。如果你是对自己读的书籍真正感兴趣，那么你记忆书籍中的内容就会变得很轻松；如果你读书只是为了消磨时光或者自我消遣，那记不住书中的内容也是正常的。

第三，注意力问题。

注意力集中的时候，记忆效果好；注意力不集中的时候，记忆效果自然就差。读书的时候也是一样：如果你记忆力集中，即使你读的书中的内容并不是你感兴趣的，你也可能会记住其中的一部分内容；如果你的注意力不集中，东张西望、三心二意，那即使是你感兴趣的书籍，你也不见得能记住其中的内容。曾经有人说过："用心阅读，这是最首要的原则。"这就是说人们在读书的时候，必须要集中自己的注意力。

第四，记忆方法的问题。

记忆方法的种类有很多，不同的记忆方法，适合记忆的内容也不同。如果在记忆书籍内容的时候选择了错误的记忆方法，记忆效果自然就不可能好。

如果你要记忆的书籍内容是关于传记、自传、虚构或真实的故事等内容，你可以选择把书中所描述的故事可视化，要在大脑形成书籍中所描写的事件的相关画面，使自己能够在大脑中或想象中看到画面。简单点说，想要记忆这类书籍，我们应该发挥自己的想象力，和自己阅读的内容相结合，在大脑中形成图像，这样就能够记住。这种做法和我们看过的电影、电视剧等一样，只是记忆得没有那么清晰。当然，即使是进行想象，也要按照书籍中内容的重要程度不同来进行：最重要的是书籍中主要人物的样子，他们的形象一定要清晰，要有真实感，这就相当于有一个主线能够贯穿在所有画面中，我们在记忆的时候也方便进行联系；至于一些过渡性的内容，完全可以忽略，或者也可以和其他的一些重要内容放在一起联想，这样就能最大限度地减少对我们记忆重要内容的影响。有一点需要注意，在每次阅读结束的时候，我们应该花费一点时间重温一次阅读过的内容，使想象过

◇ 找到正确的方法来记忆书籍 ◇

书籍是我们获取知识的重要渠道，那么我们该如何来记忆自己阅读过的书籍中的内容呢？

1. 提高自己对阅读的兴趣，确定自己读书的目的，同时保证每次阅读书籍的时候都能集中所有的注意力。这样能够保证我们在记忆书籍中的内容时，不会因为主观因素的影响而降低记忆效果。

2. 要根据不同书籍的具体内容来选择合适的方法进行记忆。书籍的种类有很多，包括文学、艺术、历史、地理、哲学、社会科学等，对于不同种类的书籍，自然需要用不同的记忆方法。

3. 发挥自身的想象力，同时根据书籍的实际内容，结合合适的记忆方法。只要我们能掌握住这一点，相信对于书籍中内容的记忆不再是问题。

的场景在大脑中重新“放映”一遍。一旦养成这样的习惯，记忆力就会越来越好。

如果你要记忆论文、科学著作之类的书籍，也可以采用相似的方式，当然这需要结合分类记忆法进行使用：第一步要运用分类的方法把书中的内容分成若干个小的部分，然后分别在大脑中回想每一部分的中心思想，一直到能把书籍中的内容全部记住为止。这种方法的好处是能帮助我们快速分辨书籍是不是有价值，同时也能在一定程度上加强我们对书籍的阅读兴趣。

对于外文书籍，想要记住其中的内容，在阅读的时候就必须格外认真，必须要一段一段地了解掌握，只有在彻底掌握一段的意思之后，才能阅读下一段。不懂的内容不能跳过，不要企图通过联系上下文的方式去猜测，这样做不会起到任何效果，同时还浪费时间。一旦碰到不认识的单词，应该马上查字典，确保自己能理解掌握每个段落的意思，随后通过联想的方式在大脑中形成图像，记忆起来就会非常轻松了。

记忆音乐，旋律了于心

任何人的大脑都会对音乐有一定感知的能力，这个能力是天生的，但是每个人感知音乐的能力却并不相同。对于同一首音乐，有些人可能毫不费力就能掌握，有些人可能花费很长时间也不能很好地掌握；有人演奏的时候可能不需要曲谱，还有些人在演奏的时候可能需要不断地翻看曲谱。这些都反映出了人们在记忆音乐的能力上的差距。

现实生活中有很多人都喜欢音乐，也有一些人梦想成为一个音乐家，但是有的人可能就是因为不能记住各种音乐而和自己的梦想失之交臂，毕竟想要成为一个音乐家，就必须要有一个超强的记忆音乐的能力。历史上很多著名的音乐家，都是著名的音乐记忆强人。比如莫扎特、贝多芬、哥特沙尔克、门德尔松、维安尼斯等。

莫扎特在 14 岁的时候，只听了一次《上帝怜我》，就能够把它的曲谱完整写出来；贝多芬能够记住他听过的所有音乐作品，无论多么复杂，他都可以通过记忆重现；哥特沙尔克可以凭借自己的记忆演奏几千首音乐作品；维安尼斯因为能够记住乐谱中的任何音符，所以他在指挥歌剧时很少带乐谱；门德尔松在没带曲谱的情况下，通过记忆演奏了《仲夏夜之梦》序曲，也指挥过巴赫的《耶稣受难曲》公演。

对音乐的记忆，实际上是对音调和音符的记忆，而音调记忆属于是听觉印象，音符记忆属于是视觉印象，两者之间有一定的差别，因此在记忆的过程中，应该根据不同的情况，分开进行讨论。

如果是对音调记忆不清楚，想要着重去加强对音调的记忆，那么应该用一切的机会去听音乐，并且平时要努力在记忆和想象中，重现听过的音乐。这样的做法实际是为了培养我们对音乐的兴趣。音调记忆属于声音印象，一般来说我们记不住声音的原因，都在于兴趣和注意力的问题。因此，想要记忆音调，第一点必须努力提高对音乐的兴趣。要让音乐进入我们自身的灵魂，成为身体的一部分，这样我们就会感受到音乐的意义。感受越深，记忆就越深刻。当然，只是听还不可以，还需要记忆方法的帮助。

如果是对音符记忆不清楚，可以运用循环记忆法加强记忆：即先记住一小节音符，然后再添加一小节，同时不断进行复习，最终也能够把所有音符全部记住。另外，把每个音符都变得可视化，使我们能在大脑中看见，能够进一步加深对音符的记忆。因此，在学习音符之后，必须在大脑中展开联想，使各种音符都变成图像，呈现在我们的大脑中，这样我们记忆中的音符数量就会大大增加。同时还要加强音符和音符之间、音符和声音之间的联系，这样当你看见一个音符时，你就会听见它的声音；当你听见一个音符响起的时候，你就会看见乐谱中的它。当然，除了用把音符视觉化的方式进行记忆以外，还需要加入代表琴键、时间、表情和动作等象征的符号，用来加深对音符的理解。在记忆的过程中，可以记住乐谱中某些特定的内容，这样亲身体会的感觉会更加深刻，记忆自然更加深刻。

◇ 音调的记忆方法——循环记忆法 ◇

想要记住音调，最好的记忆方法是循环记忆法：

1. 在听过一小段之后，反复对这段进行练习，一直到熟练准确地哼唱出来。

2. 然后继续听下一段并练习，熟练掌握之后，把前面两段放在一起进行练习。

以此类推，直到把所有的音调全部记住为止。

在记忆音乐的时候，应该按照从简单到困难的顺序进行。这是因为越是简单的音乐，就越容易记忆。

记住扑克牌，圆你“赌神”梦

扑克牌是人们在日常生活中经常用到的娱乐工具，比如在比赛、表演和变魔术的时候都会用到。每个人心中都有一个赌神梦，想要成为赌神，需要达到很多条件，其中比较重要的一条就是能记住扑克牌，否则你连别人出过什么牌都记不得、别人剩下什么牌也猜不出来，还怎么去当赌神。当然，就算能记住扑克牌，我们也不一定能当上赌神，但是我们还可以用这样的能力去做别的事情，比如表演记忆扑克牌等。一副扑克牌虽然看起来简单，真正想要记住它却并不容易，需要使用正确方法并且经过长时间的训练才可以。

人们总是希望别人把他们记忆扑克牌的方法传授给自己，但是却没有想过人家的方法到底适不适合自己。比如说有人天赋很好，看几眼之后就能全部记住，这种方法要是传给你，你会相信吗？你可能会觉得人家在敷衍你。实际上，很多记忆扑克牌的方法确实只适用于少数人。如果有人想学习记忆扑克牌的方法，不妨采用下面将要介绍的方法。

这种方法的道理非常简单，把每一张扑克牌都替换成不同的、可以在心里面想象出来的东西，实际上就是对代码记忆法进行一点变化。虽然方法比较简单，但是一旦你掌握了这种方法之后，就能够在很短的时间内记住一副扑克牌，并且对这种方法掌握得越熟练，记忆的速度就越快。比如说刚开始你可能需要 10 分钟才能记住一副扑克牌，但是在熟练之后，你可能花 5 分钟就记住了。

想要熟练运用这种方法，必须了解两件事情：第一是必须要有 52 个你熟悉的代码词，因为一副扑克牌总共有 54 张牌，但是大王和小王是特别的，并不需要我们刻意去记忆；第二是必须知道一副扑克牌中每一张牌对应的代码词，为准确记忆每一张扑克牌打下基础。

代表 52 张扑克牌的代码词，并不是随意选择的，需要满足两个条件。

第一，必须是很容易被想象出来的词。

因为联想是我们记忆扑克牌的主要方法，代码词能否容易被想象出来，关系到我们能否快速记忆扑克牌。

第二，每一张扑克牌的代码词都必须是以这张牌的花色的首字母开头。

也就是说红桃的英文单词是 Hearts，它的首字母是 H，所以红桃花色的扑克牌的代码词都以 H 开头；方块的英文单词是 Dimonds，首字母是 D，所以方块花色的扑克牌的代码词都以 D 开头；黑桃的英文单词是 Spades，首字母是 S，所以黑桃花色的扑克牌的代码词都以 S 开头；梅花的英文单词是 Clubs，首字母是 C，所以梅花花色的扑克牌的代码词都以 C 开头。

由于扑克牌的特殊性，它包含一些花牌，即 J（Jack）、Q（Queen）、K（King），所以组成这些代码词的准确系统只能用来指 A（1）到 10，如果用同样的方式处理所有花牌，那么花牌的代码词结尾就会出现两个辅音，这种情况下想要找到既容易被联想又适合于代码词系统的词语有一些困难。所以，对于一副扑克牌中的 4 个 J，我们选择花色本身的名称来做代码词，这样它们就具有唯一性；梅花 K 则用 King（国王）来代表；而红桃 Q 则用 Queen（女王）来代表。至于剩下的，则选择以花色字母为开头，并且韵脚尽可能地和纸牌本身的音相近的词语，比如方块 Q—Dream（梦）、黑桃 K—Sing（唱）。

根据上面的规则，我们可以得到下面这些代码词：

红桃（Hearts）

HA—hat（帽子）H2—hone（岩石）H3—hem（褶边）H4—hare（野兔）

H5—hail（冰雹）H6—hash（蔬菜肉丁）H7—hog（猪）H8—hoof（蹄）

H9—hub（电线插孔）H10—hose（胶皮管）HJ—heart（红桃）HQ—queen（女王）HK—hinge（铰链）

方块（Diamonds）

DA—date（海枣）D2—dune（沙丘）D3—dam（水坝）D4—door（门）

D5—doll（木偶）D6—dash（冲撞）D7—dock（码头）D8—dive（潜水）

D9—deb（公司债券）D10—dose（服药）DJ—diamond（方块）

DQ—dream（梦）DK—drink（饮料）

黑桃（Spades）

SA—suit（西服）S2—sun（太阳）S3—sum（总数）S4—sore（伤处）

S5—sail（帆）S6—sash（腰带）S7—sock（短袜）S8—safe（保险箱）

S9—soap（肥皂）S10—suds（泡沫）SJ—spade（黑桃）

SQ—steam（蒸汽）SK—sing（唱）

梅花（Clubs）

CA—cat（猫）C2—can（罐头）C3—comb（梳子）C4—core（果核）

C5—coal（煤炭）C6—cash（现金）C7—cock（公鸡）C8—cuff（裤脚翻边）

C9—cap（帽子）C10—case（箱子）CJ—club（梅花）

CQ—cream（奶油）CK—king（国王）

记住上面的代码词，随后就可以通过对这些代码词的联想记住任意一张扑克牌。

现在，记忆扑克牌的全部条件全满足了，我们就可以运用联想的方法快速记忆扑克牌。比如说第一张牌是梅花 9，我们就可以联想一条领带正戴着一顶巨大的帽子；第 18 张是黑桃 A，我们就可以想象成一只鸽子穿上了一套帅气的西服。如果是按顺序记忆所有的扑克牌，只需要用联想的方法按顺序把所有的代码词连接在一起。这样记忆扑克牌就变得既轻松又迅速。

◇ 扑克牌联想记忆的注意事项 ◇

运用联想的方法记住扑克牌的时候要注意几点。

1. 每一张扑克牌的代码词对应一个画面，这个画面最好固定下来，不能随意改变，并且记住它。

2. 对任何一张扑克牌的代码词进行联想所得到的画面，都不能和其余扑克牌代码词的联想画面相冲突，也就是说你的心中要形成52幅联想画面。

对于如何记忆扑克牌，可能每个人都有自己不同的方法。这里所介绍的这种方法或许并不是最好的，但却是适合大多数人学习和使用的。

记住别人的名字和相貌很重要

随着社会的发展，人与人之间的关系越来越多样化，交往也越来越多，因此，记住别人的名字和相貌，对我们来说也变成了一件非常重要的事情。很多时候，记不住别人的名字或样貌，会给我们带来一些不必要的麻烦和尴尬。比如你和朋友走在街上，突然看见了一个熟人，于是你和他打招呼、寒暄，等到双方走远之后，你的朋友问你刚才那人是谁，你突然间发现你好像不记得那个人的名字，是不是很尴尬？所以说，能记住别人的名字和相貌非常重要。

每个人可能都会有自己的一套方法去记忆别人的名字和相貌，虽然都能记住，但是有人记得快，有人记得慢，并且记得慢的人总是羡慕记得快的人天生有一个好记性。实际上，记忆别人的名字和相貌快的人，并不是因为他们天生记忆力就好，而是因为他们在记忆的时候选择了正确的方法，并且经常使用正确的方法进行练习。

能够快速记忆名字和相貌的方法并不是单一的，人们可以选择最适合自己的方法进行学习和应用。

1. 记忆名字的方法

记住名字是对别人的一种尊重，有人说："世界上最悦耳的音乐莫过于自己的名字。"因此我们要努力记住别人的名字。在学习记忆名字的方法之前，我们首先要弄清楚记清别人名字的前提条件，那就是要确定在最开始的时候就听清楚要记忆的名字，如果连这个都没有听清楚，那就根本不可能记住别人的名字。事实上，大多数人总是记不住别人的名字，就是因为他们在最开始的时候就没记清楚。还有一点就是对于别人的名字，如果你根本就不去记，却总吵着说自己记不住别人的名字，给你提供再多的方法也没有任何意义。

只要确定了这两个前提条件，再配合下面提供的记忆方法，就一定能快速记住别人的名字。

第一，印象法。

想要记住任何事物，都必须让这件事物在大脑中留下足够深的印象。如果对方的名字没有在你的大脑中留下足够深刻的印象，你是不可能记住的。一般来说，我们需要记住别人名字的时候，都是第一次见面，双方相互介绍之后，如果是一个你经常见面的朋友，你根本就不需要刻意去记他的名字，因为你的大脑中有足够多关于他的印象。所以，在第一次听到一个名字时，必须多多注意，有意识地让这个名字在自己的大脑中留下深刻印象，这样才能让自己快速记忆这个名字。

第二，联想法。

由于每个人名字的不同，记忆的难度和方法也是不同的。比如说李小龙这个名字就很好记，因为你可以联想到已故的香港著名武打明星李小龙。很多名字都能让人产生联想，比如说一些知名人士、新闻人物的名字，和某个伟人、古人名字差不多的名字，意义明确、好听的名字，都能够在人们大脑中进行有趣的联想，从而给人们留下非常强烈的印象，记忆起来非常轻松。也就是说，对需要记忆的名字进行联想，可以加快我们记忆名字的过程。有些名字可以联想到节日，比如李国庆可以联想到“十一”国庆节，宋建军可以联想到“八一”建军节，王重阳可以联想到重阳节；有些名字可以联想到一些耳熟能详的人物，比如说王重阳，就可以联想到《射雕英雄传》中全真教的祖师王重阳；有些名字则可以联想到一些职业或是爱好，比如说健康可以联想到医生，文博可以联想到作家；另外还有些名字，虽然不能联想到我们熟悉的东西，但是我们却可以运用奇特联想法来记忆，比如齐白石可以联想成骑着白色的石头，辛弃疾可以联想成辛辛苦苦才弃掉疾病，任立松可以联想成人站立着要像一棵松等。为了方便联想，我们应该尽可能多地了解和对方有关的信息，这样记忆名字时会更轻松，也更深刻。

第三，笔记法。

笔记法就是用笔记本把需要记忆的名字记录下来。这种方法是一种很保险的方法，因为一旦我们记忆不清楚，可以随时把笔记本拿出来。但是必须要保证自己在记清楚名字之前笔记本不能丢失，否则还是没有任何用处。实际上，用笔记本记录名字，相当于起到了名片的作用，多看几遍，能够有效加深记忆。在运用笔记法时，做好记清楚对方的名字具体是哪几个字，不要记成同音字。同时，要尽量把对方的电话号码、工作单位等情况一起记录下来，信息越多，记忆就越方便。另外，运用笔记法时还会发现，有些人的姓名在字的结构上耐人寻味，能给人留下深刻的印象，比如说聂耳，名是姓的一部分；金鑫，名是由三个姓组成的；李木子，名是姓的分解等。发现这样的关系后，记忆起来会更方便。

第四，谈话法。

想要记住一个人的名字，就应该在和对方的谈话中，经常提起他的名字，但是在提起时不能含糊不清，必须非常清晰。这样不仅能给对方一种亲切感，同时也相当于对名字的不断重复。另外，应该把对方的名字和他的声音特征结合起来记忆，这样就能在谈话中更多地了解对方的各种情况，给回忆提供更多的线索，从而更有利于我们对名字的记忆。

第五，谐音法。

有些人的名字的谐音词可能是一个有意义的词语，这样的名字就可以通过记忆那个谐音词来记忆。比如李想的谐音词是理想，奚望的谐音词是希望，魏来的谐音词是未来等。有些人的名字就是名和姓是谐音的，这种情况更好记，比如说刘流、杨洋等。

第六，形象法。

有些人的名字和具体实物对应，记忆这样的名字时，我们可以把姓氏和具体事物的形象结合起来进行记忆。比如赵海燕、马熊是以动物为名的，柳青、柳红是以颜色为名的，张白露、李小雪是以节气为名的，李大海是以地理为名的，杨松、杨柏是以植物为名的。

第七，结合法。

把名字和见到对方的时间、地点，甚至是对对方的第一印象等情况结合起来，对我们记住对方的名字有很大的帮助。比如说白小娜的脸很红，张领很胖，第一次见到李旭是在北京这个美丽的城市，王刚是一名工程师，等等。这样我们就能通过对那些和名字有关的线索进行回忆来达到记住名字的目的。

2. 记忆相貌的方法

我们经常会把两个相貌相似的人认错，特别是双胞胎，长得几乎一样，很难分清楚，稍微不注意就会把一个人叫成另一个人，让人非常尴尬。想要避免这样的情况发生，只有我们把每个人的相貌都记清楚才可以。实际上，相貌是人和人之间最明显的差异，即使是双胞胎，在相貌上也有一些细微的不同。所以，记住一个人的相貌并不是一件很难的事情，前提是必须要掌握正确的方法。

第一，结合法。

结合法有两种使用方式，一种是把对方的相貌特征和其名字结合起来，达到名貌合一的程度，加深人们的记忆；第二种是把对方的相貌和与其见面时的情景结合起来，包括与对方第一次见面的地点、气氛、心情等，比如说你第一次见到某个人时，他的相貌让你感觉如沐春风。另外，记住和别人初次见面的时间、场所、目的、周围的人、谈话主题等因素，也能够为记住他的相貌打下坚实的基础。

第二，交谈法。

交谈法主要是通过反复交谈创造出更多的时间观察对方的相貌，从而记住其相貌的。同时，通过和对方的交谈还能了解对方更多的情况，为记忆对方的相貌提供更多的线索。但是，在交谈时有两点情况要特别注意，第一是交谈要紧扣见面的主要目的，不要漫无边际，脱离主题的交谈可能会让别人很快失去兴趣，使谈话不能顺利进行下去，也就不能达到加深对对方印象的目的；第二是不要把谈话变成一问一答的审讯式，这种形式的谈话没有人喜欢，只会加快谈话的过程，同时也有可能让对方对你的印象变差，这也不利于记忆对方的相貌。

第三，联想法。

联想法就是把自己观察到对方的相貌，进行一些有趣的联想，从而加深对方的相貌在大脑中的印象，帮助我们记忆。比如说对方的个子特别高，可以想象“他的个子像珠穆朗玛峰一样高高在上”。

如果想同时记忆几个人的相貌，可以运用对比的方法，选择一个标

◇ 学会使用观察法记住别人的相貌 ◇

记住一个人的相貌，最直接最简单的方法就是通过观察法，仔细观察对方的特征从而记住对方的相貌。那么，如何使用观察法呢？

1. 在第一次见面时，先用眼睛仔细观察对方几秒钟时间，主要是要看对方的整体形象和特征，包括身高、肤色、体形、年龄、风度等。

2. 同时，还要把对方特有的特征记在脑海中，如脸形、发型、眉毛、眼睛、鼻子、耳朵、胡须、嘴、有无明显的疤痕或者痣等。

3. 如果对方实在没有什么明显的特征或突出的地方，那就联系表情、性格、气质、口音等其他特征来记忆相貌。

在观察之后，还要有意识地把对方的相貌特征在心中重复几遍，努力记住它。

准，从而找出最漂亮的、最难看的、个子最高的、嘴最大的，这样在回忆的时候会有一条明确的线索，使我们的记忆更深刻。

事实牢记不忘的方法

所谓事实，是指已经发生过的事件，或者是已经确定下来的某项知识。对事实的记忆就是指对已经发生的事情的记忆。

一般来说，我们记忆的事实都是从自己的经验中得到的，也就是我们从自己看到过的、听到过的、经历过的事情中获得的信息。这些信息本来都应该在我们的大脑中留下深刻的印象，但是在很多时候，我们在回忆这些信息时却非常困难，比如说我们可能会记得自己经历过某件事情，但是这件事情的细节却无论如何也想不起来。这主要是因为我们在记忆各种事情时，总是通过时间或地点等线索去单独记忆，从来没有在它们之间建立必要的关联。换句话说就是我们在记忆信息时没有采用正确的方法，使得回忆时找不到某些线索。就像我们把很多不同类型的文件都胡乱放在了一个柜子里，等到需要某个文件的时候，虽然知道放在哪个柜子里，但是不知道具体放在柜子里的哪个地方，从而要花费力气去寻找。如果换成大脑中的信息，这样寻找当然更加困难。因此，人们在记忆各种事实的时候一定要采用正确的方法。

当一件事实发生的时候，一般都会带有很多条信息，比如说它发生的时间、地点、各种细节等。如果单独记忆，这些信息会储存在大脑的各个地方，甚至可能会和其他的信息混合在一起，在回忆的时候自然非常困难。因此，必须把这些信息关联到一起进行记忆，才是正确记忆事实的方法。但是要注意，这种关系必须是本质上的，如果只通过一些肤浅的和非重要的关系进行关联，我们在需要的时候依然没办法回忆出来，这些信息就没有任何用处。

对各种信息进行分析是找到信息之间关系的最好办法，人们可以通过对自己提问的方式来分析信息。当我们提出问题，在得到答案之后，每一个与答案相关联的信息都会增加一条线索，并且很多线索之间会相互交叉，这样我们在回忆这些信息的时候，就可以通过这些交叉的回忆线索很容易把事实回想出来。这种方法早已经得到证明，比如苏格拉底和柏拉图就通过这样的方法引导自己学生的知识，使新知识和旧知识相互附着在一起，填补了知识的空白。

在记忆某件事实的时候，我们可以从下面这些问题中挑选几个对自己进行提问：

1. 它发生在什么时候？

2. 它发生在什么地方？

3. 自己什么时候听说过它？

4. 它发生的原因是什么？

5. 它有着什么样的属性、品质和特点？

6. 它的过去是什么样的？

7. 它是什么样的？看到它我们能联想到什么？

8. 它证明了什么？通过它我们能推断出什么？

9. 它能做什么用？自己应该怎样利用它？利用它之后会得到什么样的好处？

10. 它会带来怎样的结果？能引发出什么样的事件？

11. 它自身会有什么样的结局？未来是什么样的？

12. 自己对它的看法和整体印象是怎么样的？

13. 自己对它的情况总共了解多少？

在记忆某个事实的时候，不厌其烦地问自己这些问题，使所有信息都通过这些问题的审查，就能够把各种信息关联在一起，从而轻易记住各种事实。另外，我们还可以通过这个事实在大脑中创立一个新的信息主题，从而使信息的记忆变得更加牢固。

只要把需要记忆的事实和已经记忆过的事实关联起来，记忆就很容易。这一点，只要我们检验一下就可以得知，一个事实会出现在人们的大脑中，那么它和某个之前记忆的事实之间一定有某种关联。比如你听到某个遥远的列车轰鸣声，你会想到一辆火车，随后你会想到坐着火车出去游玩，然后想到游玩去的是某个遥远的地方，之后是想到在那个地方碰到了某个人，之后是在这个地方发生了一件事，通过这件事又想到另外一个人也做过这件事，之后想到那个人的朋友，这个朋友很有钱，他的钱是通过做生意的方式赚到的，通过他的生意又能想到做这种生意的其他人，随后想到你和这个人之间发生过的一些事情……这就说明我们记忆的各种事实当中确实存在着这样或者那样的关联。

因此，想要记住一个事实，就要把和事实有关的各种信息关系关联起来，同时也要把这个需要记忆的事实和已经记忆的事实关联起来，这样会有效提高人们对事实的记忆效率。

记忆力的“超级高手”

记忆力具有巨大的可塑性，人的记忆力能够在记忆术的帮助下得到很大的提升。无数的历史已经证明，很多人的记忆力都是非常高的。

我们中国古代就有很多的神话传说故事，这些故事很多在早先并没有记录的，但是仍然能够传诵到今天，现代的很多人都能够讲上一段，靠的就是人们的口口相传。在那些没有任何东西能记录这些故事的年代，人们却能做到口口相传，靠的是什么？就是人们自身的记忆。

利兰说过：“现在的斯拉夫江湖艺人已经能够相当准确地记住大量的史诗，印第安的阿尔冈昆人也能一口气准确地复述出多个长篇故事和神话传说。”他们这些人不见得有自己的文字记录这些东西，全是凭借自身的记忆一代一代传下来的。其实很多的神话传说和一些教派的教义在最开始的时候都是凭借着人们的记忆流传下来的，比如说基督教的《圣经》等，这种凭借记忆传播的方法持续了很多年。英国有一位 90 岁高龄的老太太，她的记忆力非常好，她能够背诵《圣经》当中的任何诗句，甚至是整个章节。当人们了解了原因之后才发现，她的这个能力并不是天生的，而是从年轻的时候开始，每天都会学一句《圣经》当中的诗句，并且经常练习，最后才在反复的练习中记

◇ 把新信息与熟悉的已知信息归类在一起 ◇

能不能顺利地把各种信息关联起来，取决于已经储存在大脑中的事实体系。如果你在储存一件事实时，有意识地考虑到这件事实以后会不会用到，你在记忆事实的时候就会变得很容易。

我们在记忆的时候，要把最熟悉和最相似的事物储存归类到一起，这样记忆事实更加容易。

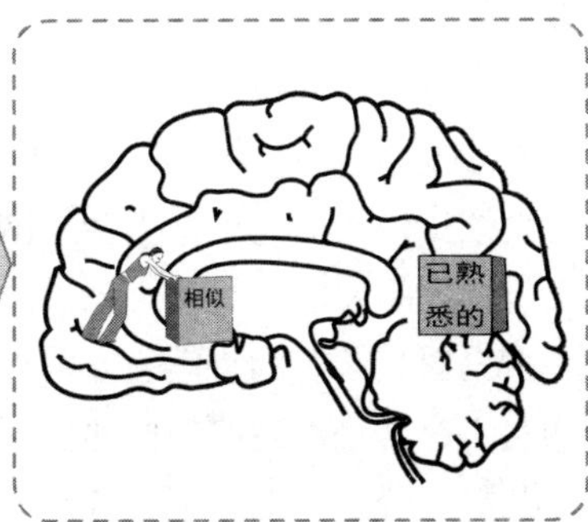

比如说孩子，他看见一匹斑马，就把它看成是有条纹的马；把长颈鹿看成是长脖子的马；把骆驼看成是有着长长的脖子并且背部拱起的马，通过这样的方式，孩子记忆这些会非常轻松。

其实很多人会不自觉地就选用这样的方法，相对来说，这也是记忆一种事实非常有效的方法。

住的。

在历史上，有很多非常著名的人物，他们的记忆力都是非常强大的。

亚历山大之后最伟大的皇帝米特里达特的记忆力就非常好，他能够把他浩大的军队中的战士的名字全部都叫出来，并且能够用22种语言和他们交谈。

古罗马著名的演说家昆图斯，能够在不做任何记录的情况下，记住所有对手的辩论话语。为了证明自己的记忆力，他还和别人打赌，把一场持续了一天的大型拍卖会中出售的物品名称、顺序、买家姓名和成交价格全部记住。

古罗马时代著名的哲学家塞内加的记忆力更好，他能够记住好几千人的名字，并且无论按怎样的顺序排列，他全都能倒背如流。比如他让好几百人分别给他念了一首诗，之后他能够按照顺序，一点不差地复述出来，甚至就连颠倒顺序也没有任何问题。

据说当希伯来《圣经》的手稿被人摧毁以后，一个叫艾斯德拉斯的人，靠着自己的记忆一字一句地复述出来《圣经》，这才拯救了希伯来《圣经》。

一个叫作斯卡里格的人能够在三个星期内就记住完整的《伊利亚特》和《奥德赛》。

帕斯卡尔能够复述完整的《圣经》，其中的任何一个段落、诗行或章节他都能够随时随地地说出来；年迈的苏格兰老乞丐、“盲人阿利克”也可以背诵《圣经》当中的任何诗句，还有很多书籍和章节。

俄国农民弗莎朵娃在17岁的时候就能够背诵25000多首诗歌、民间音乐、传说、童话和战争故事。

还有一个更厉害的人，是一个叫克拉克的美国人，据说他记得美国第一次总统大选以来每个州的具体选票数目，以及世界上任何一个国家所有城镇的准确人口数量，包括变化前和变化后的。另外，他还能够从任何一个地方开始背诵莎士比亚的剧本，也能够背诵希腊语原始版本的《伊利亚特》。

◇ 普通人也可能是记忆高手 ◇

超级记忆高手，实际上就是拥有超强记忆力的人，他们可能存在于各行各业当中，而且并不一定是非常著名的人物。

1. 比如某种零件生产线上的工人，或许他只是一个普通人，但是却能够对生产线上生产的每一个零件都了如指掌。

2. 演员们在演电影和电视的时候，有时候需要说很多话，但是他们却不能看稿子，只能用自己的记忆把台词全部记住，背诵得滚瓜烂熟。

事实上，这些人也称得上是记忆高手，只不过是平时很少有人注意到他们这方面。

在历史上与超强记忆力有关的事例，最著名的一件是英年早逝的“基督教神童”迈内可的事情。他是一个记忆力的天才，据说在他能够背诵整部《圣经》的时候，只有 4 岁，同时他还能背诵 200 首颂歌、5000 个拉丁单词和无数教会的历史、理论、教条和辩词等，各种神学著作也完全没有问题。再比如理查德·波森能够记住荷马、莎士比亚等很多人的作品，无论是什么样的小说，他都能够在仔细阅读一遍之后记下来，他甚至还能完整地记住很多本英语评论。佛罗伦萨的图书管理员玛格利亚贝奇，能把图书馆的所有藏书目录和书籍的摆放位置全都记住，并且能够背诵出 50 万本各种语言和各类科目书籍的标题。

或许有一些人真的就是天生的记忆高手，但是在生活中我们发现，绝大多数人的记忆都不是天生的，有些人能够有超强记忆力是自己后天坚持正确方法努力训练的结果。既然能够用科学方法和持久努力的练习培养出超级记忆力，那么相信只要能坚持下去，每个人都能够成为超级记忆高手。